2008

台灣國難

?

黃文雄 著

Let Taiwan be TAIWAN
台灣國民文化運動
【新國民文庫】
出版緣起

當今台灣正處於政局不安與信念不定的局勢中，此實由於生長在台灣這塊土地的人民，對於台灣的認同與價值觀產生偏差現象。

本叢書的發行宗旨，在促進台灣人民的「台灣人意識」、啓發台灣人民「正向性的價值觀」，從而發展出嶄新的「台灣新文化」。使台灣人民散發出「台灣人的優越特質」，並以自己身爲台灣人而感到驕傲，如此才能讓世界重視台灣與台灣人的存在。

要讓世界認同並重視台灣的存在，必須先由生長在台灣這塊土地的全體人民共同努力。因此我們也希望能影響台灣的年輕人，甚至是二十歲以下新世代，激發他們對台灣的熱情與衝勁，從而投身發展「台灣主體性與台灣人意識」的台灣新文化，以確立新的價值觀，導引台灣人塑造不認輸的自信與自立精神的文化。

【前 言】

變化中的台灣國際環境

隨著國際環境的變化，當然生存條件也會隨著變動。戰前與戰後、過去與現在，我們的生存環境有了很大的改變。

台灣登上國際舞台，是在日本倭寇時代的末期，也是西歐的大航海時代。可以說與日本開發北海道（蝦夷），和五月花號移民美洲，是同一個時代。

台灣歷經了荷治、鄭治、清治、日治，以及國民黨的統治時代，到今天民進黨執政，已經八年，國內、外環境的變化，有目共睹。若從政治的表面上來看，台灣曾經是所謂的「亞細亞的孤兒」，現在則進一步變成「世界的孤兒」。可是若從經濟的角度來看，台灣歷經清治鎖國的海禁、山禁，到日治時代的近代化，在廿世紀的四〇年代開始，步入產業社會的時代。戰後，雖然一時

經濟後退，可是自七〇年代以後，日漸成為「亞洲四小龍」，台灣雖然不能成為OECD（經濟合作暨發展組織）的成員，可是邁入先進國家之列，可說無庸置疑。

日新月異，時代潮流不斷改變。亞洲雖然已經有NIES（新興工業經濟體）和ASEAN（東南亞國協）興起，但是榮景不再。近期最熱門的所謂「金磚四國」（BRIC's）—巴西、俄羅斯、印度與中國，經濟發展受到注目，中國人也常自謂「廿一世紀是中國人的世紀」，可是誰又能保證榮景常存？

世上總是充滿無法預料之事，當年有誰能夠預料到中國會發生文化大革命？恐怕連毛澤東自己也想像不到，最親密的戰友林彪竟然也會「謀反」？

未來之事，難以預測，特別在這個高度不確定的年代，更是如此。唯一能夠確定的，是二〇〇八年以後，世界會有難以預料的變化。當然，隨著世界的劇變，也會影響到台灣。從近期幾件

世界大事，我們可以一窺端倪。

例如，中國在二○○八舉辦北京奧運，二○一○舉辦上海萬國博覽會。以日本的經驗，日本曾經在一九六四年辦過東京奧運，一九七○年辦大阪萬國博覽會，日本經濟確實由此開始起飛。但是大部分的國家舉辦這種大型國際性盛會之後，卻是經濟蕭條的開始。例如德國在柏林奧運（一九三六年）、以及前蘇聯在莫斯科奧運（一九八○年）之後，國家就馬上面對了全面性的崩潰，這並非偶然。

除此之外，南韓在二○○七年改選總統，二○○八年國會全面改選。自金大中政權以來，「反美、反日、親北韓」的左派政權已經近十年，韓國國民到底是否繼續選擇左派路線？對今後東亞的國際政治也有極大影響。日本安倍政府自參議院選舉失敗以後，政權失去安定，波折不斷後也不得不下台。今後日本的政治去向，不但對整個世界，特別是對台灣更有巨大影響力。

特別是二○○八年的美國總統大選，共和黨

政權已近黃昏，民主黨略佔優勢，若民主黨奪回政權，對美國的世界戰略將有戲劇性的變化。不但對台灣，對日本也說不定是一場噩夢。因為基本上，美國民主黨是親中反日，也反台灣。

二○○八年不只美國的世界戰略可能會發生劇烈的變動，俄羅斯也在二○○八年改選總統，澳洲內閣變成左派親中政權，未來南美各國，也將陸續有關于政權改變的總統選舉。

二○○八年以後，所有的民主國家都將是新領導人的時代。問題是專制獨裁國家的勢力仍然存在，新人領袖會如何對抗這些老奸巨猾？是全球在二○○八年後的一大課題。

由此觀之，二○○八年後，世界局勢必定會有劇烈改變，對於台灣而言，這是個危機？抑或是轉機？也是本書想要討論的。

美日中台的變化

面對二○○年國際環境的變化，台灣在二○

托生，美、日、台同盟的強化，甚至可以保持亞太五十年的安定，這已經成為一般研究國際力學的常識。

美、日對台政策的一時性變化，當然能立即衝擊台灣的安定走向，可試著眼長遠的未來來看，美、日、台的關係，特別是台灣民主化的發展，使得美日台有共通的普世價值。不但在國際力學上，甚至在政治文化上，美日台還是會保持不離不棄卻若即若離的關係。

中國自改革開放以來，雖然已經克服自六四天安門事件以來「蘇東坡」（蘇聯東歐波動）的危機，並且經濟起飛，甚至自誇「廿一世紀是中國人的世紀」。可是開發中的中國，仍然必須面對重重的內外問題。例如，貧富差距急速擴大，無官不貪、人口過剩、資源不足等內部問題越來越嚴重，特別是北京奧運後，景氣可能急速後退，泡沫經濟的崩潰，公害深化、黑心食品擴散，中國是否會有如領導階層所擔憂的「亡黨亡國」，甚至會「亡國滅種」？這是中國面臨的重

大挑戰。

　　至少以這四百年來，台灣與中國的歷史關係來看，不論是「三年一小反、五年一大亂」的時代，或之後「動員戡亂非常時期」中，中國除了悲劇以外，從未帶給台灣人幸福。至少現在，中國只能不斷「打壓」台灣，能不能和台灣「和平共生」，這個答案大家早已經心知肚明。現在除了中國以外，台灣已不存在共同的敵人。

　　中國不但保有核子武力，還有將近一千枚的彈道飛彈瞄準台灣。文明古國的中國，對於台灣和全世界而言，只剩下有毒食物和黑心商品的意義，完全失去魅力。這也是中國最大的弱點，因此中國必須不斷的強調暴力統治。

　　二○○八年，台灣的立法院、總統大選，是決定台灣未來的一大關鍵。是危機，當然也是轉機，可能是台灣的國難，也可能是台灣國家正常化的出發點，當然要面臨這些抉擇的時候，便需要台灣人的覺醒，更需要台灣人的聰明才智。

　　台灣目前的主流媒體，對於國際局勢的變

化，還無法做出客觀報導或分析，這是台灣歷史的產物，也是台灣民眾無法自處於世界的侷限，二〇〇八年的世界局勢將如何變化？本書各章中，將提出分析與探討，到底應該如何面對國際局勢？盼望能成為台灣人面對二〇〇八年歷史選擇的根據。本書若能成為他山之石，甚幸之至。

黃文雄

目　錄

前言··· 005

中國的崩壞與台灣的國難················· 020

中國的巨變與不變

中國國家原理－專制獨裁、富國強兵、箝制言論

中國的「常識」是世界的「沒常識」

經濟成長陰影─「黑道治國」

中國泡沫經濟的破滅

動盪不安的北京奧運

臭水溝都市的萬國博覽會

「擴軍」才是中國的「國家原理」

搜刮資源

陷世界於恐怖的「國際盲流」

台灣的最後一戰：總統大選········ 058

台灣，是我心所愛

廿一世紀台灣的問題

國民黨政府的台灣統治及政權輪替

戰後台灣的民主化之路

二二八事件六十週年的意義

中國派的政治資源

本土派的苦難之道

台灣是否已經獨立？

台灣的「統媒之亂」

荒腔走板的「藍營王子」馬英九

二○○八年的總統大選是「最後一戰」

想找回往日榮光的南北韓 102

一時的韓流熱

盧武鉉政權臨終前的迴光反照

韓國的「左翼革命」結束了？！

左右韓國總統大選的要素

韓國「斥前朝」的「傳統」

金正日體制的今後

北韓體制何時崩壞？

朝鮮「綁架不算什麼」的歷史

「事大主義」的南韓及北韓

「南北統一」何時成？

如果希拉蕊當上了美國總統 139

即使這樣，美國還是不會沒落

美國的軍事力是「世界警察」

美國真的討人厭嗎

美國與其他文明的衝突

美國民主黨政權可能帶來的改變

美國總統大選不到最後不見分曉

美國夢

將東亞交給中國的危險性

解讀美國的基本戰略

日本可能擁有核武嗎？

俄、印、澳與日本 164

俄羅斯的復活

俄羅斯強勢的資源戰略

非洲成為美中的爭奪地

歐盟的未來走向

日、中、澳的三角關係

拉丁美洲的反美風潮何時了？

美國即將攻擊伊朗？

巨象印度的崛起

中、印、俄的新三國演義

誰來挑戰美國的獨霸？

「憲法改正」「擁有核武」是日本無法避免之路 ⋯⋯⋯⋯⋯⋯⋯⋯⋯⋯ 200

該如何和「惡友」：中韓北韓相處

江澤民時代教育出來的「仇日」世代

堅守原則的安倍前首相值得肯定

日本應該保有核武

日本新憲的制定迫在眉捷

期待理解台灣的日本政治家出現

確保日本的海上航線

做為外交牌的「南京」與「慰安婦」

中國是仿冒黑心商品、妓女、間諜的輸出大國

誰才是日本真正的朋友？

中國的崩壞與台灣的國難

中國的巨變與不變

　　以不變應萬變的中國，在改革開放之後，有了很大的改變。中國雖然有「三年一大變，五年不一樣」的諺語，但是在這幾年，中國脫胎換骨般地改變了。特別是，原來不毛之地的上海浦東，現在搖身一變成為中國改變的象徵。不僅高樓林立，連服裝、髮型對比於文化大革命時代，都有很大的改變。

　　但是，中國並非真的脫了胎、換了骨？都市雖然有很大的改變，但是多數農村彷彿被冷凍在時間長河中，過著與過去數千年如一日的貧窮生活。要理解中國不容易。連許多中國專家都說不準。許多記者、及觀察家都栽在中國預測上。

　　別說專家學者，其實連中國領導人也無法掌

握「眞正的中國」。中國的範圍實在太廣，超乎了一般人所能理解的界限。毛澤東不但曾被自己最親密的戰友林彪背叛，「大躍進」政策也因為全國由下而上普遍造假、粉飾太平，最後終告失敗。

所謂的中國專家所觀察到的中國，充其量只是達到「瞎子摸象」的程度而已。他們看到、摸到的，都只是中國的一部份。至少，戰後全球所謂「中國專家」對中國的理解，都沒有超出這樣的窠臼。

在文化大革命後期，林彪失勢，政變失敗，以及因為神秘的飛機事故而斃命時，我主辦了一個演講會。當時，於東大任教的衛藤瀋吉教授，在一開頭便說，「日本的中國研究實在沒什麼。明明有好幾千人自稱是中國專家，但是卻沒半個人料到中國會發生文革，也沒有人預測林彪會失勢。還是你們比較清楚。」

我絕非中國專家，但也絕對不是門外漢。就我觀察，日本人並不了解中國人。在我剛來日本

的一九六〇年代，日本人還以為，中國是個「沒有蚊子、蒼蠅、老鼠、小偷的人間樂園」。其實，當時的中國正面臨最悲慘、宛如人間煉獄的的年代。

只要把中國專家所講的中國，這些他們所塑造的印象，倒過來想、反過來聽，就可以看到真正的中國，這是我數十年的經驗，也成為我的「常識」。因此，我對中國經濟發展的預測也無法照單全收。像「廿一世紀是中國人的世紀」「日本會被中國吸收」「中國即將超英趕美」等等的神話，我們絕不能當真來解讀。

要了解中國，的確很不容易。改革開放後的中國，今後也會不停改變，而且變化會越來越大。變化速度太快，也增加預測難度。誰也不知道明天會怎麼樣。

但是，也不能說，中國未來就無法預測。因為，不論什麼樣的社會，都會有他的「變」與「不變」，中國也不例外。只要能掌握中國的「不變」，就可以找到「變的極限」。

中國國家原理

拜改革開放所帶來的經濟成長之賜，中國的政治、經濟、軍事、社會、文化各領域，也有了很大的改變。但是，骨子裡的「不變」，仍然存在。

譬如，有史以來以「重農輕商」為國策的中國，在改革開放後，不論經濟如何巨變，農村仍停留在原始時代。來自農村，以億計算的「盲流」，不停地流入中國都市。這些等待農村改變的八億農民，彷彿是在等待奇蹟。

「一君萬民」的制度，也是中華帝國不動如山的體制。「皇帝」在一九一一年的辛亥革命、社會主義革命後雖然消失，但是大總統、主席、及總書記，還是「一君萬民」的「代稱」，國家領導人名稱改了，但其專制獨裁體制卻未改，今後也不太可能改。專制獨裁不但沒有在中國消失，隨著時代演進，還出現了「人民專制」！「獨裁」，

才是中國國家的真義。

如果一個人無法同時掌握黨、政、軍三權，國家就不能安定，這是中國政治的現實，也是不變的道理。只要中國繼續存在，就不可能民主化。這絕非言過其實。中國的奴隸社會特徵，是萬古不變的規則。

最近，中國在國際間最喜歡喊的口號就是「和平崛起」。實際上，其軍事預算連續十八年，以十位數字的成長率在擴張。「富國強兵」是近、現代中國的國家政策。今後的中國，應該會更朝向「強兵」來發展。「強兵」，是今後中國最重要的國家政策。

「箝制言論」，也是中國千古不變的真理。中國並非沒有言論自由的時代，春秋戰國是中國史上唯一「百家爭鳴」「百花齊放」的言論自由時代。近代之後，只有外國的「租界」，才享有言論自由。

自秦始皇「焚書坑儒」以來，中國歷代王朝都厲行殘忍的「文字獄」。特別是要加強國家統

一、管理的時期，中國就得更加箝制言論。中國現在不但情報鎖國，還進一步要求日本「要好好管管媒體」、「不能只報中國的負面消息」。我們從胡錦濤對言論的控制及壓迫可以印證，「箝制言論」是中國不變的原理。

視外國為「夷狄」，認為中國是世界中心的「中華思想、中華主義」，也在中國根深蒂固。中國在十九世紀末的「百日維新」當時，康有為、梁啟超等人想要聘請伊藤博文作政治顧問，並請教日本明治維新的要訣。伊藤博文說，「首先，不能將外國視為夷狄」。康有為回答，「那是老一輩人的，我們的世代沒有將外國視為夷狄」。但是歷史證明了，中國的「中華主義」，在康有為之後，仍然沒有絲毫的改變。

我們可以說，專制獨裁、富國強兵、箝制言論這些「中華思想」，是中國不變的原理。

中國的「常識」是世界的「沒常識」

中國的常識，就是「世界的沒常識」。反過來也可以說，「世界的常識，是中國的沒常識」。

就我所看，中國講究的是「政治激動；經濟微動；社會、文化不動」。如果中國處於以上狀態，就表示正常。反之，如果「政治不動、經濟激動」，就是不祥的徵兆。從歷史來看，目前的中國，就處於這種異常的狀態。

當然，巨動當中有不動，不動當中也有巨動。

我們知道，中華帝國二千多年的「一君萬民」體制，不論王朝如何更替，也不曾改變。進入廿世紀後，不論是要邁向共和制或是社會主義制，都騷亂不停。在一九八九年天安門事件之後，全世界、包括中國自己也再度認識到，中國的國家領導人若無法同時掌握黨、政、軍權，政權就無法安定，。

中國是農業社會，五千年來的經濟型態沒有太大改變，但是九〇年代以後的中國，被稱為「一年一個樣　五年不一樣」。中國巨變可見端

倪，但這絕非正常。

目前，中國有「三農問題」（農民、農村、農業）。這不是「農業革命」或上帝可以解決的。只要和美國農業比一比，我們便可以一目了然。美國的可耕地和中國相去不遠，總生產量差不了多少。但美國的農業人口，低於五百萬人，實勞人口不滿三百萬。相反地，中國農村人口高達九億人，實勞人口接近六億。換句話說，中國農業生產效率，只有美國的一五〇分之一到二百分之一不到。儘管有這麼多農民，卻仍得向外國進口糧食。

人口過剩的問題也不能忽視，儘管中國強力推行「一胎化政策」，但是人口仍然持續增加。中國政府在二〇〇五年發表的官方數字，人口總數是十三億六百萬人。但是同屬政府機構的中國社會科學院改革開發委員，則推定已經超過十五億二千萬到十五億三千萬人。中國現在面臨的，是人口過度增加、少子化以及超高齡化社會。

急速的經濟成長，帶來嚴重的環境問題，這

不僅影響到中國人的健康，也影響全世界。公害帶來的不孕率，已經超過廿五％，五十年後中國將面臨「滅種」危機。

人口過剩，加上過度開發，帶來了糧食、水資源及能源的不足。中國今天到處搜刮地球資源，在各地引發了國際性的資源爭奪戰。

相對地，中國的文化卻呈現不動的狀態。五千年不變的「中華思想」，成為中國與鄰國衝突的導火線。所謂「中華思想」，便是以「中國為天朝，中國為天下」為秩序的「自國中心主義思想」。這種思想越深，就越會自以為是，也越任性。令人驚訝的是，百年前美國公理會傳教士明恩溥（Arthur Henderson Smith）在其名著《中國人德行》（Chinese Characteristics）中所描述中國人自私自利的性格，百年後的今天一點也沒有變。中國人老是以為地球繞著自己轉，所以在國際化的今天，中國難免與其他文化、文明產生摩擦與衝突。要知道中國在近未來會如何改變，除了觀察中國的巨變外，我們也不可忘記觀察中國不變的

道理。

經濟成長陰影—「黑道治國」

　　中國自改革開放後，每年經濟以一〇％的高成長率急速擴張。「中國是世界的工廠」「廿一世紀是中國的世紀」等被大大地宣傳，彷彿中國的未來是一片光明。但經濟成長除了帶給中國「光明」之外，也帶來了「陰影」。

　　經濟的高度成長，不可能無限期持續，一旦高度成長停止，所謂的「三農」問題、人口、資源、環境等問題都會爆炸。

　　中國在共產黨政府執政之後，也曾有過高度的經濟成長出現。由於「大躍進」失敗，中國未能渡過瓶頸。接著文革十年，中國的經濟跌到谷底。之後，改變路線的改革開放帶領中國邁向高度成長之路。問題是，高度成長能維持多久？首先得先看清其極限。

　　中國經濟和歐美日不同的地方，在於基礎建

設還不完備，照理說應該積極投資基礎建設才是。但是，中國政府不循此途，當地的資本及技術對外依存度相當地高。改革開放前才四％，今日已經超過七○％。即使被稱為「通商國家」的日本，對外依存度也不過二○％前後，由此可以看出中國的對外依存度過高。這個數字，代表了中國經濟無法自力更生，將受到國際政治、經濟的影響。換句話說，中國經濟處於十分不安定的狀態。

但是，中國至今仍然堅持「社會主義市場經濟」路線，也就是說，中國的經濟不根據市場原理運作，而是以「超經濟」方法控制，一旦「社會主義市場超經濟控制」不靈光，就有崩潰危險。

再者，所有中國經濟的統計數字都不可靠，尤其是不良債券問題。光靠中國政府發表的數字，我們無法明白不良債券問題的嚴重性。根據推算，不良債券已經超過五○％，也有已經超過一○○％的說法。帳簿上的數字及企業業績內容的不透明，並不單只是因為中國企業粉飾太平，

而是因為「三角債」。「三角債」是指中國企業間相互拖欠貸款的債權債務關係，是中國經濟的魑魅魍魎。因是之故，中國的泡沫經濟，隨時都有可能破滅。

中國改革開放後的貧富差距，也是社會潛在的定時炸彈。一％的共產黨幹部，占有五〇％到六〇％的國家財富。極貧的農村與高樓林立的都市，貧富差距達到六十至一百倍。這樣的社會結構，當然會造成人民心理高度不平衡，引起社會的動盪不安。如果經濟高度成長，相對來說失業問題就不大。但是，現在中國的大學畢業生，有一半找不到工作，「畢業即失業」的情形很普遍。失業率居高不下，使得黑道、強盜跋扈，流浪漢、少年犯罪急增。

青少年犯罪，自二〇〇〇年起，每年超過四百萬件，而且越來越凶惡且殘暴。也有資料顯示，十七歲以下的精神異常人口超過三千萬。

經濟成長不均衡，帶來最嚴重的問題，就是「黑道地方政府化」，以及暴動頻仍。根據二〇〇

六年十一月中國公安部的報告，光十月在中國各地發生的暴動、遊行、暗殺，相關涉案人數就高達二百八十五萬人。

中國的黑道，在民主派與法輪功遭受彈壓之後，突然急速增加。根據二○○六年十一月，黨中央社會治安綜合治理委員會議的報告，黑道組織超過三千七百個，人數已經突破四千萬，並且浸透到政治、司法、公安、工商、稅務、文化出版、教育、金融等機構，在有些地區，黑道甚至成為「地下政府」。

據說，廣東省黑道的年收入，高達六千億人民幣，光是賣春產業，就達到國內總生產貿易額的十分之一。除了賣春以外，黑道從多國走私、偷渡、販毒等「黑色產業」所獲得的巨額利益，更得以在世界各國建立「大中華犯罪共榮圈」，並將其魔手伸入各國的政黨與媒體，同時做起軍火生意。中國的黑道組織，又可以和政府、黨、軍及公安機構互為表裡，可說是「黑道治國」。

中國泡沫經濟的破滅

　　美國著名的經濟學家高伯瑞（John Kenneth Galbraith）認為，「泡沫經濟一定會破滅，問題在於什麼時候？」對中國來說，泡沫經濟破滅，究竟在北京奧運後？還是上海萬博前後？

　　中國經濟雖然高度成長，但是連政府當局自己也承認，七五％的人沒有購買房子的能力。房子太貴，一般庶民無法負擔。蓋了那麼多的高樓豪宅，卻僅少數人買得起，即使如此，中國不動產建設依舊熱燒，直到九○年代後半才漸退。

　　即使如此，北京、上海兩地的不動產熱仍沒有消褪。兩地土地價格每年上昇五○％，有些地方甚至飆漲到一○○％。雖然建設熱潮，源自於對北京奧運、上海萬博的預期心理，但也有點熱過頭。

　　為什麼中國的不動產狂潮會不斷持續呢？這是因為，中國沒有固定資產稅、遺產稅及利益所得稅制度，吸引了溫州幫、台灣、香港、日本各

地的人來炒地皮。結果，粗製濫造的房子，一間一間如雨後春筍般冒出來，上海浦東有世界最大規模的高樓群，但這些高樓的使用率、出租率及入居率都非常低，地下水道等基礎建設，又趕不上建設熱的速度。根據近日的調查顯示，上海、南京、廣州等地，三十樓以上的高樓中，有高達八五％是不良建築。這些中國都市，雖然有「世界最大規模高樓群」的美名，褪下面具之後，其實只是一堆豆腐。

那麼，股票市場又如何呢？中國在九○年代開放股票市場後，不論是金融高層、黨幹部及其家族，以及萬元戶的農民，不論張三李四，全部都投入這股金錢遊戲潮。我們在日本的書店中，也可以找到許多諸如「中國股讓你賺到手軟」內容的書。但是，中國股票其實非常地不透明、也不安定。

企業報假帳、作假業績非常普遍，真實的商業情報全部都被掩飾。根據中國政府自己的調查，九五％的上市企業，財務都是亂七八糟，溫

家寶也曾經說過，「股票市場是一顆不定時炸彈」。

中國是個「情報鎖國」的國家，所有情報及資訊，完全掌握在政府手上，媒體若要研究、採訪中國，都得先和政府保持有良好關係。中國所謂的「良好關係」，其實就是完全聽話，要照著政府提供的劇本唱戲。所謂「中國專家」、媒體的「中國前途一片好」的消息，都來自這個模式，不可相信。

中國光鮮的經濟成長背後，其實非常地慘澹。有多少人知道，這幾年有多少資金從中國流出？「資金外流」，指的是共產黨幹部，以「五鬼搬運」手法將國家、企業的財產，送到外國的私人帳戶中。據推估，每年約有五百至六百億美金外流，相當於世界各國每年對中國的總投資額。換句話說，外國對中國投資額，與中國每年資金的外流額，兩者一來一往剛好互相抵銷。

根據近年來中國政府的統計，每年被貪污的金額，高達國內生產總值（GDP）的一三％至一

六％之間，也有人說，已經達到二○％至二五％
左右。這些被貪污的金額，大多數被偷偷送往國
外的秘密私人帳戶。光就這點來看，我們應該不
難看出中國經濟的未來。

但是，中國的金融情勢，也可以說是世界一
大奇蹟。最令人咋舌的是，連相關官員都搞不清
楚，到底印了多少人民幣？金融機構的不良債券
到底有多少？也說不出個所以然來。有人說，金
融機構的不良債券，約是國內生產總值的二五
％，也有人說應超過五○％。日本的不良債券不
過才四％，日本人就愁眉苦臉地說著「完了，完
了，日本要完了」。但是，中國人即使不良債券如
此高漲，卻一點也不緊張，仍然自信滿滿地堅持
「廿一世紀是中國的世紀」！其實，中國的不良債
權處理，已經到了連請神仙來也救不了的地步，
只能任其崩壞。

在中國，所有的事物都和政治有關。不論藝
術、運動，甚至個人的一舉手一投足，都可以扯
到政治。經濟也一樣。經濟的運轉，不依據市場

原理，而是超經濟控制。換句話說，只要中國政府靈機一動，人民幣就會升值、泡沫經濟就會崩壞、土地政策也一夕改變，隨時都有任何可能性發生。問題只在於，什麼時候發生？是大拜拜之前？還是大拜拜之後？

我們一般推測，應該是大拜拜之後。但是依照政治判斷，大拜拜之前全盤崩潰，對中國比較有利。因為如果在大拜拜之後面臨破產，之後很難恢復，可能會造成亡國亡黨。「亡國亡黨」是中國政府最怕面對的絕境。

動盪不安的北京奧運

北京奧運預定在二〇〇八年八月八日下午八點八分開幕，八月廿四日閉幕。歐美的幸運數字是七，在中國則是八，象徵「發財、好彩頭」。北京奧運是中國「發」揚國威的絕好時間，可說全國上下為宣傳北京奧運，已經卯足了勁。

但是，觀察北京當初雀屏中選之路，其實並

不順遂。

北京自一九九三年便開始申請主辦奧運，直到二〇〇一年才成功。在中國自讚自賞的另一面，是全世界以嚴厲的眼光，檢視即將開辦的北京奧運。當然不是因為全世界都嫉妒中國，而是各國對北京的環境問題非常憂慮。

北京很早就已經開始沙漠化，這幾年春天的黃沙沙塵暴，已經嚴重到連日本、韓國及台灣都深受其害，北京更連日視線趨近零。而且，北京天空所飄的黃沙，還是一種毒沙，不但影響人體健康，還會腐蝕建築。

這次的北京奧運在充滿「八」的夏天時刻舉行，雖然避開了黃沙肆虐的春天，但是北京仍是世界十大空氣污染最嚴重的都市之一。不論環境影響，光是每天如洪水般地從地方流進北京的盲流，就足以造成北京一切環境指標的惡化。

要求抵制北京奧運的聲音，在國際間不斷升高。

捷克政府曾經表示，「如果西藏問題不能在

二○○六年前解決的話，我們要求國際社會抵制北京奧運，並且拒絕參加」。

二○○七年法國總統大選的電視辯論會上，候選人賀雅爾（Ségolène Royal）夫人，也曾經主張要抵制北京奧運。

另外，還有導演史蒂芬史匹柏（Steven Spielberg），也對北京奧運提出質疑。二○○七年八月一日，「駐中國外國記者俱樂部」（Foreign Correspondent's Club of China）提出，中國社會沒有新聞自由，並對駐中記者脅迫、暴力，並且質疑中國不適合主辦奧運。

北京確定主辦奧運後，包括廿二個新設會場的三十七個會場，以及其相關設施、基礎建設利權、土地取得問題等，都浮上檯面。偷工減料的問題，也令會場安全性堪慮。

中國觀眾的素質及運動精神聞名世界，因此無法期待北京奧運能公正、公平及安全。足球場上動不動就大打出手，不論場內、外，球員打裁判，球迷互毆鬧事，椅子、垃圾滿天飛不時上

演。

不只在中國國內如此，到外國比賽也是如此。即使和稱為同胞的香港隊比賽，也如此激動。中國隊輸給香港隊後，中國的足球迷暴徒化，竟攻擊香港隊選手，激烈的程度與二○○四年秋天，亞洲杯足球賽輸給日本時的暴動相比，簡直是小巫見大巫。

由於愛國主義高漲，使得國際比賽常出現這種球員和球迷的激情演出。譬如籃球賽，二○○五年七月廿九日在北京舉辦的國際籃球賽中，出現了地主國觀眾不服裁判與外國球員而大亂鬥的場面。不論選手或觀眾，水準都不相上下。

說起來，中國觀光客的水準，也讓全球皺眉頭。流亡海外的中國民運人士主張，「中國人道德低落是共產黨的毒害」，其實並不正確。中國人沒水準，來自於中國文化。中國雖自稱「禮儀之邦」，充其量只是中國人「自以為是的幻想」。就是因為中國不存在禮儀，才會有這樣的詞句出現。

北京當局為了要讓北京奧運成功，也在提昇

國民禮節上做了不少的努力。這點應當給與肯定。但是所謂的禮儀、秩序，並不是透過呼籲、倡導就可以立竿見影、立見成效的。「禮」就是國民的程度，不是光照本宣科就學得會。與其在嘴巴上以孔子的道德教育為榮，不如努力提昇國民的水準。

順便一提的是，北京奧運後，中國宣稱要以長白山（白頭山），申請二○一八年的冬季奧運。

朝鮮族和∫…w人，是屬於同祖同宗的通古斯（Tungusic）語族，並且都視長白山為聖山。近年來，中國在長白山開發經濟和觀光資源，且申請世界遺產、申奧等行動，都被南、北韓視為「意圖藉此主張長白山屬於中國的政治宣傳」。

歷史上，萬里長城才是中國傳統以北的國境，萬里長城還是中國人自己蓋的，直到明末都還有大規模增長改建。現在又要將朝鮮族的發祥之地－白頭山／長白山，當作自國的固有領土。面對北京奧運堆積如山的問題，中國到底能不能在二○○八年發揚國威？還是個未知數。奧運結

敗，原有的「社會主義市場經濟」等等的社會矛盾，也十分有可能會一舉浮上檯面，甚至爆發。

上海萬博的標語是「Better city, better life」，中文是「城市，讓生活更美好」。上海是中國最擁擠的都市；講明白點，上海是個被臭水溝包圍的人口過密都市，其衛生環境，是世界最糟糕的。

今天的中國，每年排出六百億噸的廢水及污水，其中八○％未經任何處理，便直接排入河川。二○○七年六月五日世界環境日，公開的報導指出，佔全中國四成的工業、農業，家庭廢水、污水、糞便，每天以超過五千萬噸的量，流入中國最大的「排水溝」，使長江流域的動植物面臨生存的浩劫。專家估計，若再不整治，長江在五年內可能變成一條臭水溝，而上海就剛好在這條臭水溝的河口。

除了長江，還有每天吸收上海人七千三百萬噸糞便，及五百噸污水而貫穿上海市區的黃浦江與蘇州河這兩大「排水溝」。我們可以說，上海是「臭水溝都市」，這一點也不過份。

　　到過上海的日本人，都會異口同聲質疑，「爲什麼上海的水道水或飲用水都這麼臭？」這也難怪，上海符合中國國家標準的飲用水源，大概只有一％。以全中國來看，中國八〇％的飲用水受到污染，其中水質最糟糕的地區，首推上海。

　　中國人常說，「北京愛國、上海出國、廣東賣國」。上海雖然是中國最國際化的都市，但上海人的形象並不好，和廣東人並列爲「最不能相信的人」，就是上海人。他們「胳臂向外彎，不知道什麼時候會來個窩裡反。」

　　上海人現實、勢利眼，不但和「愛國」的北京人是天敵，和廣東人更是「自吳、越之爭後」，擁有延續二千五百年的世仇。以江澤民爲首的上海幫當權時，便對廣東經濟特區的預算、投資等多所刁難，對廣東採取「又拉又打」策略。

　　上海人希望中國經濟的龍頭是「長江三角洲」，而非「珠江三角洲」，這對於視「上海、龍尾、重慶」爲亞洲「經濟－金融－貿易中心」的上海人來說，廣東的經濟發展十分礙眼。因此，

要用盡各種手段，阻止廣東人想要整合廣東、珠海、東莞、佛山、深圳、香港、澳門等廿七個人口超過四千萬大都市群的計劃。至於廣東幫，也是抱著「看好戲」的心情，看待即將在臭水溝上海開辦的萬國博覽會。

萬博的建設熱潮使得上海的風貌有了很大的改變。但是根據中國建設相關部門的調查發現，新建築中超過八五％以上是不良建築。

在中國，橋及大樓的損毀是家常便飯。中國共產黨執政之後，總共蓋了數萬個水庫，但是其中八○％不是崩坍，要不就像黃河上流的三門峽水庫一樣變成砂坑。連中國廿一世紀最重要的建設－三峽大霸，都還沒蓋完，就已經有六千個龜裂及坍方，其原因都來自於官商勾結的偷工減料。上海萬博，眞的可以作爲中國邁入先進國家的敲門磚嗎？

「擴軍」才是中國的「國家原理」

　　東西冷戰結束之後，全世界都開始縮減軍備，唯一和世界潮流逆行、並以驚人速度擴軍的國家，只有中國。彈道飛彈、核武、高科技兵器、剽竊外國軍事技術，中國的軍費開支，連續十八年以二位數字成長。明明沒有任何國家會攻擊中國，或對中國造成軍事上的威脅，中國為什麼如此熱衷「擴軍」？

　　對中國的鄰國，或者全世界而言，中國才是威脅。當然，中國一直對「中國威脅論」抱持質疑，並且說明「擴軍」是「軍備現代化」。至於開發核武，則是「為了世界和平及自衛」，而反過來強調「和平」。要不然就惱羞成怒轉移話題，談談「美國才是威脅」、「日本軍國主義抬頭」。

　　中國為什麼要每年擴軍，與世界潮流背道而馳呢？擴軍，當然不是用來對付每年增加的反政府暴動或示威遊行，也應該不是要對付法輪功。這些工作交給公安或武警就可以了。如果是為了要鎮壓少數民族的分離運動，則增派地方軍區的兵力，就應該已經足以應付，不需要擴軍。

統率萬民，以推翻「無德」的前朝天子，又稱為「易姓革命」。易姓革命，說穿了就是「比拳頭大」，勝者為王，敗者為寇。換句話說，中華王朝的國家原理不是天子有沒有「德」，而是有沒有「武」。用武力奪取的政權，當然要靠武力來維持。沒有武力，國家就無法成立，這就是中國！

中國最強盛的王朝－清朝，在遭遇鴉片戰爭（一八四〇～四二），英法聯軍（一八五六）、清法戰爭（一八八四～八五）、日清戰爭（一八九四～九五）、八國聯軍（一九〇〇）的連戰連敗中，開始了以富國強兵為目標的「洋務運動」和「戊戌維新」，也就是中國力圖改革、近代化的運動。

事實上，辛亥革命的目的也不例外，即使是中華人民共和國建立之後的「大躍進」、「文化大革命」，目標也是為了要中國的富強。文革失敗後的改革開放，當然還是為了富國強兵。「富國強兵」，是中國百年來的「悲願」，除此以外，還有幾個理由，使得中國接近異常地執著維持擴軍。

有人認為是中國政府已經漸漸無法掌控軍

方，或者黨、政、軍看法不一，步調不一致所造成的。

我認為中國的擴軍，有三個目的：實現社會主義革命的國家目標－「解放台灣」；確立亞洲霸權；實現「Pax China」（中華帝國主導的世界秩序，也有稱Pax Sinica）以取代「Pax American」（美國主導的世界秩序）的夢想。

就歷史來看，中國必須不停地擴張領土。中國起源於中原─是黃河中、下流域，有傳說的夏、商、周，也有信史後的春秋與戰國。秦始皇「一統天下」後，被漢所取代．在這樣的循環過程中，中國以強大的軍事為後盾，不停擴張領土，併吞、消滅鄰國，並擴張自己的版圖。將本來滿洲族的土地併吞，改稱其為「東北」，因此「Pax China」，也可以放在中國擴大領土的延長線來看。

就實際問題來看，中國要建立「Pax China」之前，必須先確保中國的海上航線。就地政學上來看，中國的大陸被阿留申群島、千島群島、日本、台灣、菲律賓等群島包圍，必須先突破這些

島鏈，才有可能出太平洋。

對於資源枯竭的中國來說，海上交通路線攸關中國的生死，海上路線若被切斷，石油及能源的輸入便成為問題。為了確保海上路線，擴軍之路不可避免。

中國的擴軍在二〇〇八年以後還是會繼續，為了因應未來的太空戰爭，以及處理亡黨亡國的危機，提高解放軍的攻擊性，勢在必行。

搜刮資源

人類文明史的衰亡，大多起於森林消失、水資源乾枯、草原沙漠化，以及土地鹼性化而引起的農業衰退。文明衰亡後，只遺留下光禿的山峰和大片沙漠，當然中國也不例外，這也是人類文明史的宿命。

從中國歷史上來看，發生在每個王朝末期的，通常是嚴重的水旱災、傳染病肆虐，甚至是山林崩壞，往往接著就會發生流民的大量移動，

甚至武裝叛變等連鎖反應。這是中國歷史的循環，即使到了十九、廿世紀，也是一樣，大躍進和文革的失敗，也造成數千萬中國人死亡的浩劫，有些人怪罪共產黨政權，其實這是中國歷史的宿命，不能將所有責任都歸到毛澤東身上。

中國的土地，定期就會發生飢荒，原因來自於土壤資源的貧瘠。為了爭奪有限資源，就會定期發生民亂。中國的土地特別貧瘠，最大的原因，來自過剩的人口。這樣巨大的人口數，在長遠歷史演進中，把中國的土地資源全都吃光光。

中國人也曾經對埋藏在地底下的資源抱著期待，可惜經過時間的推進，這個夢想已經落空。因此，中華世界只能不停地用擴大領土，來獲得更多資源。改革開放之後，中國人才真正明白，他們無法自力更生，因此必須把目標轉往海上。資源匱乏的中國，不得不往外發展，以獲得更多的資源。

我們可以這樣用「人口最多、資源最少」，來形容中國的現狀。特別是在食糧、水資源、能源

都嚴重匱乏之下。不只這樣，還有森林、礦物等自然資源，或者資本、技術等經濟資源、智慧資源，可以創造出經濟資源的社會及人力資源都不足。中國的學校教育教導學生：我國「地大物博，資源豐富」。這不是教育，只不過是中國人將一廂情願的幻想教給下一代而已。

光從糧食問題來看，中國正面臨糧食不足的問題。全國有七○到八○％的農民，一年到頭忙著農作，生產出的糧食卻不夠吃。美國的農民人口才三百萬，不但可以自給自足，還可以外銷到全世界，量佔全球外銷糧食的一半。中國農民有九億，卻還會有飢荒，實在是令人不可思議的國家。

水資源，也是中國的致命傷。即使「南水北調」，至今仍無法解決中國每到夏天就乾旱的窘境。近年來，黃河不但時時斷流，二○○六年長江水位低到船隻無法行駛，結果現在只能期待西藏高原的地下水。

更頭痛的，還有能源問題。能源除了維持經濟成長，也是廿一世紀中國人生存的死活問題。

由於中國能源絕對地不足，因此近來從陸、海和海底，與周邊國家手奪資源。譬如與日本在西伯利亞爭奪地下資源之戰，以及與東南亞諸國的東、南海海底資源戰，還有和日本在東海油田的摩擦等。

不只鄰國，中國也向伊朗購買天然氣，支持屠殺人民的蘇丹政權，以交換石油資源。只要是地球上能買到的資源，便不擇手段、枉顧道義地大量搜刮。

中國的作法，使美、中在資源問題上對立。美國能源部在二○○六年二月提出的報告書中說：「中國在世界各地進行的資源開發，將會威脅美國的安全保障，中國對專制體制國家寬大的資源戰略，，將有損美國擴大自由及民主主義的外交努力。」中國和日、美、歐等國的資源戰爭正要開打，資源問題將是中國致命的阿奇里斯腱。

陷世界於恐怖的「國際盲流」

中華文明是南向的文明，從北緯四十度前後的中原地方，以數千年的時間漸漸南下，是個以過剩開發，吃倒自然生態的文明。

到了末代王朝清朝，中國人口突破一億，十九世紀中葉，迅速超過了四億。這個結果，造成中國的自然及社會環境連鎖性的破壞，水旱、疾病、流民、饑荒、戰亂不斷。

由於滿洲、內蒙古、回部、西藏是封禁之地，中國的過剩人口便流向東南亞。在中華人民共和國成立前，海外已經有三千萬「華僑」。以緬甸為界，以東是華僑勢力範圍，以西則是印僑天下。

中國僑民，從內地流往沿海都市，沿海都市流往國外，每當飢荒或水旱災發生時，數百萬、甚至千萬計的盲流，便會在中國國內四處流竄。

當然，也有其他原因造成大量人口移動，政治的、經濟的、社會的理由也很多，譬如國共內戰期間，蔣介石帶著二百萬難民出逃到台灣，還有文革十年被鬥輸的敗退下放族群。

　　但是其大部份的理由來自於生態的問題。如上述的水旱災及飢饉，這是中國現在進行式的問題。由於中國將近十三到十五億的人口，遠遠超過土地所能負擔，因此隨時都可能有難民潮發生。

　　就從近代史的方向來看，流民是以滿洲、內蒙古為主。清朝末年滿洲移民解禁後，每年約有數十萬人。滿洲國時代，每年超過一百萬人，湧入滿洲尋找新天新地。現在其人口已經超過一億。人民共和國後，大量盲流流入新疆，文革後則改流往西藏高原。

　　在一個世紀內，中國的盲流從內陸到邊境，從東北到西北、西南，平原到草原，草原到高原地將整國中國填滿。

　　戰前，中國人便開始朝邊境及外島移民。文明史家湯恩比（Arnold Toynbee）稱其為「和平的滲透」，並且預言「英國及日本將會被中國的難民潮所吞_」。

　　湯恩比的預言，聽起來有點異想天開，但也

不無道理。在這裡要提醒各位注意的是，中國也正對台灣進行「和平的滲透」。萬一中國發生內戰，大批難民肯定會湧向台灣，沒多久台灣就會被過多的中國人壓得喘不過氣，最後乞丐趕廟公，這絕不是天方夜譚。

大規模的國際盲流，是在中國改革開放後才開始出現的。當外資還沈醉於中國的廉價工資之夢時，中國人已經準備好要逃離家園了。

首先，黨幹部及其家人，將國家資產轉換為個人資產後潛逃。接著，留學生和學者以作學問為理由離開中國。根據統計，正式出國的留學生及學者，學成歸國的只有二〇％。除非逼不得已，或者違法居留被逮到，不然大多不願再回國。對國家而言，這是非常嚴重的人才流失。我們稱回國的留學生為「海龜」，現在連回到中國的海龜，也找不到工作。

除了假借出差及觀光、留學名義出走中國外，也有其他的方法。以前稱「蛇頭」為「豬仔頭」，現在的販賣人口便是以前的苦力貿易，也就

是奴工買賣。根據廿世紀初中國學者陳翰笙的十輯《華工出國史料》記載，十八到廿世紀間，被賣的苦力最少有六百到七百萬人，一般俗稱華工被賣出國，叫做「賣豬仔、豬仔出洋」。

最近「蛇頭」主導的「出走中國」，成為世界各地警察注目的話題。根據中國公安關係的調查報告顯示，每年有約一百一十萬到一百卅萬的中國人流入歐美，即使是冰天雪地的西伯利亞，每年也有五十萬人流入，相當於當年滿洲國時代的移民人數。近年來在非洲、中南美，中國國際盲流也是大氾濫。這幾年光是偷渡到南非的中國人，就約卅萬人。

中國政府甚至還鼓勵「走出去」，想要以人海戰術創造「廿一世紀，四海都是中國人的世紀」。「蛇頭」的背後免不了和黑道結合，中國有組織的黑道人數高達四千萬人。「黑道」、「蛇頭」聯手輸出的不只是盲流而已，還有犯罪與毒品。

台灣的最後一戰：總統大選

台灣，是我心所愛

我生於一九三八年，屬於戰前、戰中世代。經歷過戰爭的年代，也走過了戰後六十年的歷史。

當我小學一年級時，二次大戰結束，所以我算是台灣最後的日本語世代。小時候，進入學校，先要跟右邊的二宮尊德（譯注：江戶後期提倡勤儉的農政家）銅像行一禮後，才進入教室，早上還有朝會。

我出生在台灣的高雄州岡山，當時岡山有帝國海軍航空隊最大的飛機場，戰爭末期經常受到美軍的空襲。因此，我也體驗過防空洞的生活。隨著美軍日漸頻繁的空襲，我們被疏散到深山，才剛離開，我的家便被夷為平地，鄰居身亡。直到如今，在深山溪谷中，持續幾天眼看盤旋的美

軍B-29轟炸機的記憶，仍然鮮明地刻在我腦海裡。

大戰後，我從山裡的學校回到城鎮後不久，升上了小學二年級。學校校舍在空襲中毀了一半，當時炸彈的破碎鐵片，還可以賣得好價錢。記得當時還有十幾輛日本的小型坦克車並列停在學校的網球場，我們就在哪裡玩捉迷藏。

台灣是個多語社會，小學時代，家庭及學校常講日語，戰後「國語」變成了中國語，但倒也沒有覺得很不習慣或者奇怪。既有我所聽不懂的福州、潮州話家庭，服兵役時，也遇到過講客家話的客家人。因此，我覺得多語社會是很自然的現象。

跟我同年代，或者比我年長的人，大多目擊了中國軍屠殺台灣人的二二八事件。一九四七年二月廿七日，當煙酒公賣局緝私警察在取締私販煙酒時，被不滿的台灣人民包圍，慌張的官員向群眾開槍，結果演變成台灣全島起義。中國軍在車站前的廣場舉行示眾的公開處刑。隔天，成群

的蒼蠅在流滿鮮血的屍體頭上飛舞，場面令人不忍直視。從二二八事件爆發開始，有三萬名以上的台灣人被屠殺。其中大多是廿世紀初期台灣各界的菁英。我母親的兄弟中有兩人被屠殺，還有兩人失蹤，至今仍下落不明。

二二八事件後，在國共內戰中大敗的蔣介石，率領國民黨軍民逃到台灣，建立流亡政權。直到一九八八年，蔣介石的繼承人蔣經國死亡，台灣人在全世界為期最長的戒嚴令下渡過了「白色恐怖」時代。

在民主的黎明之前，台灣人最常以「台灣人出頭天」來互相鼓勵。

我在東京奧運（一九六四年）之前留學日本，六四年參加民主化運動、六六年發行報紙。算一算，我的文耕生活已經超過四十年。

闊別祖國廿九年，終於能踏上台灣、回到故鄉，是在一九九二年。當時，不論在政治、經濟、社會、文化各方面，台灣都有很大的改變。雖然是小島，但是經濟富裕，在政治方面，民主

也漸漸成熟。

我認為廿世紀的台灣，克服了其後進性、及再建其被剝奪的主體性。的確，台灣在某個程度來說，已經有了改善，但是在廿一世紀的今天，台灣仍有許多內部的問題。

「台灣今後該何去何從？」不只日、美、中等各國的領導人及知識份子，連住在台灣的台灣人，也沒有充份意識到這個問題。因此，我要在這裡發表一下看法。

廿一世紀台灣的問題

戰後六十年，海國台灣經歷了許多苦難，在苦難中豐富了生活，政治也逐漸成熟。台灣的成果雖然受到世界肯定，但是台灣人有從「生為台灣人的悲哀」之中「出頭天」了嗎？

這個問題的層面牽涉廣泛，廿一世紀台灣的問題，不僅是台灣整體的問題，也是左右亞洲、世界動向的問題。日本前駐泰國大使岡崎久彥

說，廿一世紀最後、也是最大的問題便是「台灣問題」，這一點也不為過。觀察台灣的重要國、內外問題，我可以列出以下十點。

1.台灣做為國家的國際認知度

台灣的人口規模、經濟力、國防力及政治的成熟度，在世界二百多個國家中，都算是優等生，也是遠比中國成熟的近代化國家。但是就國際現實來看，受到中國壓力，而不敢承認台灣的國家，越來越多。

2.國家安全的威脅

中華人民共和國政府自建國以來，不但不曾領有台灣，也不曾有效地支配過台灣，但卻不停地主張台灣「是中國絕對不可分的固有領土」。不但否定台灣的民意，還動不動就恐嚇台灣人「不放棄使用武力」，目前還有超過九百枚飛彈對準台灣，並且數字年年增加，是台灣國家安全上的重大威脅。

3.台灣主體教育的不足

在國民黨支配台灣的60年當中，徹底實施了「黨國教育」。黨國教育不以台灣為主體，而是將台灣人洗腦成中國人。就算政黨輪替，民進黨政權在教育改革上不但沒有多大的成果，「反・台灣」教育仍在台灣的各地進行。近年來雖然也有在推動本土教育，但是其質量仍然不夠。教育是「百年大計」，改變教育的本質需要時間，絕對不能小看。

4.媒體造成的社會亂象

戰後半世紀，國民黨政府對台灣進行言論的統制及資訊鎖國。九〇年代後，台灣雖然解除了報禁，但是並不表示台灣的媒體就「有水準」了。相反地，中國資本控制了八〇％的台灣媒體，近年來媒體更淪為散佈謠言、謊言的機構。台灣的媒體是造成社會混亂的最大元凶。

5.司法的不公正

　　大戰結束後，台灣從「法治社會」，再度淪爲「人治社會」。日治時代五十年，台灣的司法比想像的還要公正，並且是個以法律運作的社會。大戰後，黨國控制了司法，國民黨公開宣稱「法院是國民黨開的」。「大案聽命令，中案看錢多少，小案依法照辦」說明當時台灣司法的怪象，有裁判權的不是法律，是「權力」，台灣倒退到「人治社會」。

　　現在國民黨雖然變成在野黨，但國民黨左右司法的情形，仍然和過去沒有太大差別。國民黨仍掌握三位一體的情治、媒體與司法。情治單位洩漏偵察內容給媒體爆料，以打擊和自己立場不同的政客，司法機構又按照政治利益下的劇本判決。台灣的司法問題，與其說是政治問題，不如說是文化問題。

6　國政改革

　　除非革命，要不然很難改變國家體制及國政。這是人類史共通的問題。政治改革失敗的比

成功的還多，日本明治維新是非常罕見的例子。
有史以來，台灣便被「外來政權」所支配，國民
黨政府也是從中國逃出的外來政權，經過一九九
六年、及二〇〇〇年總統大選，才好不容易才完
成政黨輪替。但是，民進黨政權卻也只能扮演中
華民國體制守護神的角色，改革停滯是台灣目前
的現狀。

　　日本的人口為台灣的五倍，一連串的行政改
革，使得內閣部會減少到剩十二個，日本的政治
改革，到目前仍是現在進行式。反觀台灣，國家
級機構卻高達三十個以上，是否真的能改革？十
分令人絕望。冗官冗員、無用機構一大堆。

7.停滯不前的制憲

　　戰後，GHQ（連合國軍最高司令官總司令部）
強「送」給日本一本「日本國憲法」。雖然，至今
認為日本有必要進行憲改或制憲的日本民眾超過
一半，但實際上卻沒有太大的進展。

　　台灣的情形也很類似，現行的「中華民國憲

法」，是在中國大陸內制定的，當時台灣還是日本的領土，不論就時間、或空間來看，這是部與台灣不相干的憲法，台灣需要一部新的憲法。

但是，台灣卻有日本所沒有的問題，中國政府想盡辦法要阻止台灣制新憲，他們視台灣的新憲為宣戰。因此，台灣制憲受到內、外強大的壓力，連和台灣沒有邦交的日本都向台灣施壓，要求「暫緩制定新憲」。

8.「正名運動」的停頓

過去，不論台灣的中華民國政府，或是中國的中華人民共和國政府，都堅決反對「兩個中國」。現在，在台灣執政的民進黨，也反對兩個中國。陳水扁總統過去曾明白主張，「台灣中國、一邊一國」，台灣不是中國「絕對不可分的一部份」。台灣是台灣，中國是中國。既然是這樣，包括台灣的國名及護照等台灣所有的公、私制度，及國民黨時代為了強調「法統」而取的一些容易引人誤會的公私營企業名稱，都應該「正名」。但

是「正名運動」卻遲遲沒有進展，直到二〇〇七年二月，「中華郵政」、「中國石油」、「中國造船」，才好不容易改成「台灣郵政」、「台灣中油」與「台灣國際造船」。

9.國家認同的問題

台灣是多民族、多語言的社會，不論是就近代國民國家的「國民」或者「近代民族」來看，都是不成熟的社會。台灣除了有十三族原住民外，還有被同化消失的十幾個平埔族。四百年前，又有從中國大陸東南沿海移民來的漳州、泉州、客家，以及二戰後的中國難民，可說是非常多樣而多彩的多民族、多語言複合社會。因此，至今仍有國家、民族、文化的認同問題。

目前，台灣內部大致分為「獨立派」與「統一派」的綠藍陣營，國民黨為了要奪回政權，不惜和中國聯合，更激化了兩方的對立。

10.國家理念的迷失

國家、民族、社會、文化認同的對立、及國家理念的喪失、國家目標的迷失，是今日台灣最大的問題，特別是身為國家元首，必須要有這樣的自覺，應該將此視為國家最大的課題，依此明示台灣國民，台灣未來的方向究竟何在。

國民黨政府的台灣統治及政權輪替

只要去過台灣、中國、韓國的外國人都會感覺到，台灣人和中國人不一樣。很多台灣人也是到了中國之後，才驚覺原來中國人和台灣人不一樣。

台灣和中國不只在「親日」、「反日」態度上不一樣，台灣人溫和、親切且體貼人的同理心性格，和日本人如出一轍，在性格上有很多共通點，不只風土類似，也來自歷史及文化的共同傳統。

台灣靠近日本國土最南端的沖繩，離中國東南沿海也不遠。史前時代，台灣、沖繩（琉球）、九州同屬一個文化圈。台灣也有日本列島特有的

繩文土器的出土。但是台灣在世界史登場，還是在大航海時代（十五～十七世紀）後，比沖繩晚了很多。

在倭寇活躍的十三到十六世紀，台灣才被日本及明國（朝）所發現。在日本鎖國前的江戶時代，日本和南蠻的交通與交流頻繁，台灣北部的淡水及南部的安平，也有許多日本人和明人出入，不但有日本人町，也有華人町。當時台灣是日本和呂宋（菲律賓島）貿易的中繼站。

荷蘭是台灣第一個外來政權，西班牙人隨後在台灣北部築城，不過這時的台灣，僅僅是雅加達及呂宋貿易的「台灣支店」而已。始於一六二四年，為期三十八年的荷蘭政權，結束於與倭寇頭目鄭成功的「國姓爺之戰」。鄭家政權也僅維持三代二十三年，最後亡於清。

之後，清朝雖然支配了台灣二百一十二年，但是其間有「海禁」及「山禁」。台灣以難治出名，反亂不斷，中國人稱其為「三年一小反，五年一大亂」。不論如何，台灣被中國視為「瘴癘之

島」和「化外之地」，也被日本視作「鬼之島」。

根據日清戰爭的馬關條約，台灣被永久割讓給日本，台灣的開發此時才算真正開始。台灣近代社會及近代國家的基礎，在日本統治五十年之中奠定完成。日本將中國人口中的「瘴癘之島」，建設成人人可以安居樂業的寶島。

日本在第二次世界大戰戰敗，根據聯軍最高司令官麥克阿瑟的第一號命令，國民黨軍進駐台灣。在台灣的二十萬日本軍人，及四十萬日本人撤退離開台灣後，開始了國民黨軍的暴力統治，也揭開台灣為期六十年的白色恐怖序幕。

台灣史上既沒有「易姓革命」，也沒有「萬世一系」的王朝。台灣史只有「外來政權的輪替」，這是世界史上少見的特例，也是台灣史的特色及台灣文化特殊性之所在。

台灣人將日本與中國「外來政權的輪替」，評為「狗去豬來」。為什麼日本人是狗，中國人是豬？當然兩者都討人厭，但是最起碼「狗會看門，但是豬只會吃」。

　　我年輕的時候，台灣人罵人豬，是對人最大
的侮辱，意思就是「髒、說謊、吹牛、愛硬拗」。
「狗去豬來」這句話，表現了被支配的台灣人所忍
受的屈辱、怨嘆，「生為台灣人的悲哀」是台灣
人共通的宿命觀。

　　台灣人也曾經自我解嘲，「美國人比較喜歡
日本，因為美國人只送日本兩顆原子彈，卻送台
灣一個蔣介石。」台灣人羨慕日本，認為日本戰
後就算被被美國佔領，也比台灣被中國佔領好。
這同時也說明，台灣人有多討厭國民黨軍的統治，
認為與其給蔣介石父子管，不如挨兩顆原子彈。

　　國民黨統治台灣，是一本罄竹難書的強取掠
奪及恐怖政治史。台灣人和中國人的文化摩擦及
文明衝突，引發了之後的二二八起義事件。之
後，中國軍對台灣全土發動了報復性的大屠殺。
接著國民黨在國共內戰中慘敗，蔣介石率領二百
萬國民黨軍及難民逃到台灣，建立「難民政權」，
並且在台灣實施長達三十八年，全世界最長的戒
嚴。在這段時間，支持國民黨政權的，則是強取

自日本人的龐大財產。

國民黨首先將「近代化的美麗之島台灣」視為己有，又給台灣掛上「中華民國」的看板。將日本在台灣的軍事設施、五百二十五艘艦船、八百八十九架軍用機、大量裝甲車、高射砲、槍枝等兵器、彈藥，以及日本第十方面軍二十萬人二年份的裝備、軍需品，及二百三十一噸的食糧，全部佔為己有。

不僅如此，國民黨將台灣總督府等官廳、公共機關、學校，官營企業、醫院，甚至日本人的個人企業、個人資產等，都以「敵產」的名義接收。日本留下來的「敵產」，還有報社、文化建設、飯店、劇場、電影院、商店、二十萬戶的住宅，全耕地的二○％，山林的九○％。不只不動產，還有包括七家銀行本、支店擁有的三十億台灣銀行券、日本銀行券，以及各地倉庫的米、砂糖、日用雜貨店、原材料等，都落入國民黨接收員的手中。

根據台灣省統計處的「台灣行政紀要」（一九

四六年），國民黨接收的日本財產，包括公共機構財產五百九十三件、二十九億三千八百五十萬日圓，企業財產一千二百九十五件、七十一億六千三百六十萬日圓，個人財產四萬八千九百六十八件、八億八千八百八十萬日圓，總共五萬八百五十六件、一○九億九千九百九十萬日元。

國民黨不但接收包括台灣總督府在內的所有統治機構，也將日本人在台灣不論公、私財產、資產全部佔為己有。戰後，日本政府曾多次向國民黨政府要求清算日台雙方的私有財產，國民黨卻只是裝傻。但是，國民黨暗地吃下多少台灣人和日本人財產的事實？不但日本人不太清楚，連台灣人也毫無知覺。

國民黨是全世界最有錢的政黨，這也是現在民進黨之所以要積極追究國民黨黨產的原因。再強調一次，國民黨大部份的資產，是台灣總督府及日本企業、或個人，在戰前以五十年的時間累積而成遺產。

物換星移，在西元二○○○年的選舉，國民

黨終於失去政權，現在以重掌政權爲目標，和民
進黨展開新的政爭。

戰後台灣的民主化之路

　　台灣的民主化之路，和韓國等亞洲各國比起
來，是略遲一步。但是台灣的自由化及民主化水
準，還是獲得相當高的國際評價。當然，如果和
歐美各國相比，還有不成熟之處。如果言論、表
現自由，或人權、人格的保護與尊重，以及生活
文化等各方面的民主化未能實現的話，就不能稱
之爲完全的民主化。

　　實際上，目前世界上還有很多披著「民主化」
的皮，假借學術以美化獨裁、專制的情形發生。
特別是什麼「開發獨裁」、「亞洲的價值」、「人
民民主主義」等，都非常地可疑。

　　要在政治上達成民主，獨裁專制必須得先瓦
解。就這點來看，台灣的民主化之路，不是國民
國家成立時常見的「市民革命」，而是一種漸進的

方式。也就是說，終戰後統治台灣的國民黨政府獨裁體制，是漸漸地崩壞，因此又被稱為「寧靜革命」。

國民黨如何統治台灣

最常被指出的是「黨國體制」。「黨」就是「國」，「國」是「黨」的，不但「國庫通黨庫」，「國軍」也是「黨軍」。國家象徵的國歌國旗也是黨歌、黨旗，更不用說教育、媒體、警察、特務、司法、國家公務員，都被黨化。而且不先入黨成為「黨員」，就無法當公（務）教（育）人員。

國民黨就是如此利用「以黨治國」的體制，所以又被稱為「黨國體制」。和中國共產黨的「人民共和國」，其實是一卵雙生的雙胞胎。

黨國體制雖然不是完全的人治國家，但也不是法治國家。黨國體制的司法有雙重性格，民眾犯法由司法審判，國民黨的黨員犯法則由黨紀來

處罰，是國家及國權的法外之地。

「黨禁」及「報禁」是黨國體制的象徵，表面上憲法規定有「言論及結社的自由」，但除了國民黨及從屬中國難民組成「花瓶在野黨」外，不准組成新的政黨，也禁止成立新的媒體。在全世界最長的三十八年戒嚴令底下，才得以維持蔣介石及蔣經國父子兩代的獨裁政權。

在國民黨政府的黨國體制之下，還有「萬年國會」的「國民大會代表」及「立法委員」。這些議員都是在中國內陸選出，幾十年不曾改選。甚至，這些代表是在二次大戰結束後，國民黨不顧共產黨及其他反對黨，強行舉辦的選舉中所選出的的代表及議員。之後，國民黨在國共內戰中慘敗，便將政權移殖到台灣。這樣的政權，當然沒有資格代表台灣。

因此，國民黨政權具有獨裁政權及外來政權的雙重性格。「台灣民主化」是多數台灣人以台灣為主體的政治民主運動。當然其過程並不順利，也不容易，除了許多人的犧牲，而且還得面

對許多外來的壓力，特別是美國。

在二二八事件中，台灣在日治時代脫穎而出的各界菁英及領導者，幾乎都被屠殺殆盡，國民黨政權因此看似牢固。其實，反抗國民黨支配的事件絡繹不絕，台灣人民的反抗，在一九七九年十二月的「美麗島事件」中到達高峰。

「美麗島」社是個集結反國民黨勢力，推行台灣民主化運動的政治團體。在當時仍稱為「黨外人士」的黃信介為發行人，許信良任社長，張俊宏總編輯，總經理則為施明德，林義雄及姚嘉文擔任發行管理人。

一九七九年八月二十四日創刊發行《美麗島》雜誌。創刊號熱賣，再版了幾次，發行量超過十萬。為了促銷雜誌及服務讀者，又在各大都市設置了十一個銷售據點，並主張「國會全面改選、地方首長全面直選」，以此舉辦集會。國民黨視這些活動為對國民黨「黨禁」、「戒嚴令」的挑戰。在一九七九年十二月十日世界人權日的街頭運動中，民眾和警察激烈衝突。

美麗島事件後，國民黨藉機大量逮捕「黨外人士」，反對國民黨一黨獨裁的民主運動，乍看下幾乎全毀。但由於來自美國的壓力，使國民黨不得不公開這些被控違反戒嚴令，而被捕民主運動人士的審判。

一年後一九八〇年十二月中央民代的選舉中，仍在訴訟的美麗島事件關係人相繼參選，並且全部當選。隔年地方選舉中，陳水扁（黃信介的律師）、謝長廷、蘇貞昌（姚嘉文的律師）、尤清（張俊宏、施明德的律師）也分別當選台北市議員、及省議員。

透過選舉而起死回生的黨外陣營，更接著主張「台灣的前途由台灣人決定」與「住民自決宣言」，並且開始籌劃組黨。在一九八六年的國大選舉及立院選舉中，是否廢止「黨禁」成為最大的話題。九月二十八日一百三十五位在檯面下進行組黨的黨外運動人士，在台北圓山飯店舉行的「黨外選舉後援會公認候補推薦大會」上，突然宣佈「民主進步黨」成立。

　　國際輿論，及國外反國民黨勢力也不容忽視。經由海外運動家向美國議會、政府遊說的結果，一九八五年五月，美國參眾兩院議員組成「台灣民主化促進委員會」，指出「在美國的安全保障之下，台灣不需戒嚴」，並且勸告國民黨政權必須要民主化。六月，美國眾議院亞太委員會及人權委員會，通過「台灣民主化決議案」，要求國民黨政府：准許成立新的政黨；廢止檢閱制度；保障言論及結社的自由；實現完全議會制的民主主義。

　　由於來自美國的壓力，使得國民黨也只能默認違反「黨禁」的民進黨成立。但是，國民黨並非承認，而只是睜一隻眼閉一隻眼假裝沒看到，執行「不承認，不取締」主義。

　　一九八七年七月，國民黨終於解除戒嚴，但卻又制定「國家安全法」、「人民團體組織法」、「公職人員選舉罷免法」、「集會遊行法」等，以限制在野黨活動。國民黨對民進黨籍議員的搜查、起訴、逮捕一直沒有停止，但還是阻止不了

台灣民主化的時代潮流。

蔣經國的衰老與死亡，更加速台灣的民主化，到了李登輝時代，緊接著被稱為「萬年國會」的國民大會廢止，立法院改選、民進黨正式成立、一九九六年，舉行了台灣史上第一次的總統直選。二○○○年政黨輪替，在野的民進黨獲得勝利。由於海內外許許多多台灣人的犧牲，台灣終於超越了白色恐怖、走上民主之路。

二二八事件六十週年的意義

二二八事件，不只對台灣人來說是禁忌，對中國人來說也是禁忌。

中國人喜歡講「南京大屠殺」，但另一方卻又想抹殺二二八，對二二八採取視而不見的態度，那是因為，二二八是中國人屠殺台灣人，這種雙重標準的態度，象徵中國人的民族性。

二二八是台灣人共有的歷史記憶。也是台灣人與中國人文化摩擦及衝突的象徵。因此中國用

盡手段想要台灣人忘記這段中國人屠殺台灣人、
具象徵性的歷史。

一九四七年的二二八事件，經緯大致如下。

二二八事件起因於私煙的取締，二月二十七
日晚，中國人用槍毆打跪在地上求饒的婦人，因
此而引爆。圍觀民眾氣不過，包圍了查緝人員，
結果中國人查緝員向群眾開槍，造成了死傷。

隔天一早，警察向前來要求公正處理的台北
市民開槍，發展成警民衝突，瞬間變成台灣全島
要求「打倒貪官污吏」的台灣人，和中國人之間
激烈的衝突。

事件為什麼會一發不可收拾？主要是因為第
二次大戰後進駐台灣的國民黨軍警官員，對台灣
人民的苛斂誅求而起。二二八事件並非為了政治
理由引發的暴動，既沒有計劃，也不是被煽動
的，而是對蠻橫中國人，已經忍無可忍的台灣
人，終於爆發了。

我在八〇年代時便已指出，二二八事件的本
質，是台灣人和中國人的文化摩擦，是文明的衝

突。

　　二二八事件不能不提的是，在接到「台灣民亂」報告的南京政府，緊急派遣鎮壓部隊登陸台灣，鎮壓部隊的任務竟然不是單純平定暴亂，反而在事件後，對台灣各界意見領袖與知識份子，進行有組織、報復式的逮捕，及無差別的大屠殺。

　　事件後的三月四日，由台灣各地代表組成的「處理委員會」，在台北市公會堂召開總會，希望能和平地解決事件。行政長官陳儀不但接受了處理委員會的「三十二項政治改革法案」，還承諾「言必有信」，事件看起來好像告一個段落。

　　事實上，陳儀在此時偷偷打電報向蔣介石告狀，說台灣民眾「造反」。收到電報的蔣介石，立刻派遣鎮暴部隊登陸台灣，並且在台灣展開大屠殺。事後統計，遭屠殺人數高達三萬人以上，大部份都是活躍於台灣各界的知識份子、大學生與高中生。台灣的菁英在二週的時間內，被中國軍隊有計劃性地、組織地虐殺。

「殺知識份子，只留愚民」，是中國人傳統的統治術，這是我們在思考二二八時，絕對不能忽視的動機。殺雞儆猴式的野蠻虐殺，正是中國人「屠殺文化」的象徵。

二二八事件是台灣有史以來最大的悲劇，從來沒有這麼多的台灣人，在短時間被如此殘忍地虐殺。台灣人對中國的傳統文化非常無知，和中國人簽訂和平友好條約，竟然還信以為真。我們從中國歷史就可以明白，和中國人簽訂和平條約的時刻，就是最危險、最容易被趁虛而入的時刻。

由此可知，二二八事件是台灣人和中國人文化摩擦、文明衝突的最大象徵。從中國不停主張台灣「是中國不可分割的神聖領土」，並且以千枚飛彈對準台灣，就可以明白。到今天，台灣和中國的這種文化摩擦、文明衝突，尚未結束。

早在國民黨軍敗逃來台之前，台灣已經是個成熟的近代化社會。連電燈、水龍頭都不知道的中國人，竟然以統治者的姿態來到台灣，和台灣

人會發生衝突，說起來也是理所當然。那麼，在二二八事件已經過去半個世紀的今天，文明衝突及文化摩擦消除了嗎？

除了海島文化及大陸文化的對立外，受過內戰洗禮的中國人，他們的文化樣式也是這個文化摩擦的原因。還有對台灣人優越感，死守自己既得利益的姿態，也是關鍵。

二二八大屠殺在二○○七年二月，邁入第六十個年頭。趁這個機會，重新檢視二二八的意義，是台灣及中國共通的歷史課題。

中國派的政治資源

中國派在二○○○年總統大選中的分裂及敗退，結束了半世紀的國民黨政權，這是國民黨第一次淪為在野黨。四年後二○○四年的總統大選中，國、親聯合仍以些微的差距敗退。國親兩黨絕對沒有想過，竟然會有這樣的事情發生。

中國派的敗退有許多原因，除了國民黨內中

國派及本土派的對立外，還有黨的分裂。在李登輝時代有一部份退黨成立了新黨，之後再分裂出去的是親民黨。其後，以李登輝為精神領袖的台灣團結聯盟，也脫離了國民黨。

國民黨雖然失去政權，仍然掌握了相當的政治資源。國民黨、親民黨與新黨是，以中國人為中心的政黨，以和中國統一為目標，又通稱為「藍營」。「綠營」則是民進黨、台聯等以台灣人為中心的陣營，「藍營」與「綠營」將政界一分為二。

以國民黨為中心的藍營，之所以能掌握這麼多的資源，已如前述所說，完全是拜黨國時代所接收的日本遺產所致。

國民黨利用獨裁政治，掌握教育及媒體五十年，並且對人民洗腦，而被洗腦的精神構造，正是國民黨在台灣仍能獲得支持的基礎。即使民進黨獲得政權以後，在教育及媒體等領域，國民黨仍然佔有絕對的優勢。尤其是情報、公安、**警察**等組織，都被以國民黨為主的藍營所掌控，要軍

隊保持中立，仍需要一些時間。還有前面也已提到，司法仍是藍營的打手。

政黨雖然已經輪替，但是政府機構等幕僚公務員組織，仍是舊的體制。民進黨能做的，只有幾名政務官的任命而已，對民進黨來說，大部份的政府機構仍是所謂的「反抗勢力」。特別是軍、公、教在退休以後，有一八％的銀行利息特權，這樣的特權階層，也成為藍營支持群眾。光靠年金存款的利息就比大多數勞工薪水還高，這些支持者根本不想改變舊體制，因此台灣至今仍然無法實現真正的社會公平與正義。

況且，國民黨雖說成為在野黨，其實只是在總統大選敗落而已，在國會仍是第一大黨。民進黨政權仍是弱勢的執政黨，這也造成民進黨所提出的法案，在國會都慘遭封殺，向美國購買軍事裝備的預算，也無法通過。

藍營根據特務機構提供的情報，經由媒體爆料，最後以司法審判動搖民進黨政權，再配合中國政府的裡應外和，目標不過就是再度奪回政權

而已。

本土派的苦難之道

　　李登輝前總統在接受日本知名作家司馬遼太郎專訪時，將戰後台灣人的苦難歷史簡約成「台灣人的悲哀」。這句話，可以說是台灣人心情的最大公約數。台灣人雖然想「出頭天」，但一路走來卻不順利。

　　根據司馬遼太郎的說法，國家有適當的大小，只靠北京一個政府，卻必須統治比整個歐洲還要大的國土，顯然有其界限。由於範圍太大，政府就容易專制，並走上國內帝國主義。本來要將西藏、維吾爾、內蒙古納入版圖時，也應該先問問住民的意見，但是中國政府當然沒有這麼做，因此帶給人民許多痛苦，台灣也是如此。

　　司馬氏曾經說過，「中國人不曾以世界史的角度來思考台灣及其根源，西藏及維吾爾也是一樣，如果同樣的事情再發生在台灣的話，便是世

界史上的一大悲劇」。

台灣的民主化運動，除了是「反國民黨」、「反一黨獨裁」的運動外，也是「反外省人集團統治」的運動。這樣的運動，必然會發展台灣獨立運動。而台灣人政黨的民進黨便是其開花結果。

民進黨獲得政權之路，充滿了荊棘與苦難。國民黨政府主導的屠殺、槍殺、逮捕、入獄、迫害，真是罄竹難書。一個同時掌握黨、政、軍，特別是情治及特務機構，以其控制反抗勢力、壓迫民主派的手法，和現在的中華人民共和國政權完全沒有兩樣。不一樣的，中國人是迫害「同胞」的中國人，國民黨政權則是迫害「異族」的台灣人。中國人和台灣人的對立，便是在這樣的情形下發生的。「做賊的喊捉賊」，中國派的藍營，動不動就以「不分省籍」，來攻擊反國民黨的本土派。

台灣人對國民黨政府的抵抗運動，除了前面所提到的二二八事件及美麗島事件以外，其他還有「自由中國事件」（一九六○），以及長達四十

年的白色恐怖統治。台灣人長達半個世紀的抵抗，是民主運動，也通稱為「黨外（國民黨以外）運動」，海外的反體制運動，絕大部份都是台灣獨立運動。

一九五〇年代，以日本為中心的，曾有「台灣民主共和國臨時政府」運動，六〇年代的「台灣獨立建國連盟」，則活躍於日本及世界各地。六〇年代以後的台灣民主運動，都和台灣獨立建國連盟有關。台獨連盟同時在台灣島內、外互相合作及協助，共通的標語是「脫離中華民國，台灣獨立，反對中國侵略」。

台灣政治開始發生激烈變化，是在一九七二年中華民國被趕出聯合國，以及迫害民主運動的美麗島事件之後。沒多久，林義雄（前民進黨主席）的母親及女兒慘遭虐殺；回國的陳文成教授在被警總偵訊後離奇死亡；住在美國的華裔作家江南（劉宜良）被暗殺，國民黨特務結合黑道幹下的恐怖事件，引起了美國國會注意，並且開始向國民黨施壓。在國內、外情勢變化之下，美麗

島事件的受難者及其家屬獲得了台灣社會的同情，在立法院補選當中全部當選，民進黨也因此強行成立。

民進黨成立之後，加快了台灣的民主化之路。二○○○年總統大選，民進黨政權誕生，但是做為弱勢執政黨的本土派政權，並不安定。除了內部中國派的壓力外，還有來自美、中的壓力。

中國派雖然在二○○○年的選舉中敗北，但是在國會仍是多數，不但兩度提出總統罷免案，在二○○四年的總統選舉後，還提出「選舉無效」的司法訴訟，動員支持群眾遊行。

藍營為了要打倒民進黨政權，用盡了各種手段，面對中國派的的民進黨，在政治上也並不成熟。民進黨最大的優勢是綠營，也就是台灣獨立派的支持。已經有超過五○％的國民認為，就算中國對台灣動武，也不改其支持台灣獨立的意志。主張要和中國統一的政黨（國民黨），每每在最後關頭要能獲得民眾支持，並不容易。

台灣是否已經獨立

民進黨從過去就不停地主張－台灣是主權獨立的國家。台灣兼備所有構成國家的要素－「人民」、「政府」、「土地」。和世界二百多個國家相比，台灣絲毫不遜色。

若就「人民」、「政府」、「土地」等三要素來看，「台灣是主權獨立國家」不容置喙。

但是在國際法上，仍有台灣的國家主權及其所屬的承認問題。

就國際力學來看，台灣和中國對峙／對立半世紀以上，這也是歷史現實。

台灣雖然有國際法上的問題，但是「台灣是否已經獨立」才是重點。關於這個問題有很多看法，李登輝前總統最近說「台灣已經獨立」，而絕口不提獨立問題。

既然這樣「台灣什麼時候獨立了」？

的確，「中華民國」是主權獨立的國家。

「台灣」的獨立和「中華民國」的主權獨立沒有混淆嗎？還是「台灣」已經取代「中華民國」？那麼「中華民國」什麼時候死了？

就內政來說，「台灣是不是獨立國家」，各黨派基於黨利黨略多有不同的議論。譬如國民黨，基於肯定中華民國政府的正統性及現實立場，主張「中華民國自一九一二年便以國家的形式存在」。也主張目前台灣與中國是「一國兩府」、「分治」。也常常用一些「中華民國在台灣」等詭辯的語詞。

民進黨肯定現體制，以政權為黨目標的立場主張「中華民國＝台灣」、「台灣是主權獨立國家」。但是台灣什麼時候成為主權獨立國家？說法卻不一致，有「從南京國民政府以來」、「政府移到台北以來」，也有「自第一次總統大選以來」等說詞。

以「中國統一」為目標的新黨，為了獲得選民的支持，高喊「保衛中華民國」，其主張和國民黨相似。

　　也有人不承認「台灣是主權獨立的國家」，譬如以「台灣獨立」為最高原則的台獨連盟及建國黨等，由於其立場為「終結中華民國體制」，因此認為不論中華民國或是台灣，都不是主權獨立的國家。

　　統一派基於完全相反的理由，也不承認台灣是主權獨立的國家，類似「台灣是中國神聖不可分的領土」，主張中華民國政府只不過是中國的一個地方政府。

　　不論如何，我們在這裡可以看到，「中華民國＝台灣」的國家概念，常常混雜其間。

　　民進黨常主張「台灣已經獨立四十年以上」，這裡說的「台灣」並非「台灣國」，而是指「中華民國體制」。譬如「獲得政權也不須要宣佈台灣獨立」的主張，便是基於「中華民國＝台灣」的想法。

　　且慢，「台灣」是地理名詞，「中華民國」則是國名。「台灣是主權獨立國家」這句話，意思是說「在台灣地方有一個叫中華民國的國

家」！這樣混淆地理名詞和國名，國家概念當然也就不清不楚。

因此，為了要讓台灣成為名符其實的主權獨立國家，首先得先明白「中華民國≠台灣」。

中華民國建立於一九一二年，之後內戰連連，國家體制還沒確立，便進入國共內戰時代，結果變成「分裂國家」。一九七二年被逐出聯合國，可以說是被國際社會「除籍」。統一前的東、西德，或者現在的南北韓雖然是分裂國家，但是雙方在國際社會都被視為主權國家，並且也加盟聯合國。但是中華民國卻不但不被視為「國家」，還被趕出了聯合國。

中華民國在國際上既不是「主權國家」，也無法加入國際組織及機構。「中華民國」在國際社會已經無路可走了。

不該再主張包括中國大陸、蒙古等領土權，而要確立符合現實的領土範圍。接著更改國號，這是確立台灣國家主權的第一步。

台灣的「統媒之亂」

　　如果問我台灣社會最大的病源是什麼？我會回答「媒體」。「住台灣只要不看電視新聞，日子其實就蠻好過的。」

　　中國派掌握了台灣媒體的根幹，因此台灣媒體又被稱為「統媒」（統一派媒體）。統媒其來有自。

　　首先，國民黨根據「報禁」，禁止設立媒體、控制媒體超過半個世紀。代表「統派媒體」的，有「中國時報」、「聯合報」（統稱「聯合中國」），還有中國資本的「蘋果日報」。新聞、雜誌，特別是電視台，超過八○％被中國資本所掌握。橫跨祖、父、孫三代，超過半個世紀，台灣人被中國資本洗腦。

　　台灣人能夠從這被洗腦的狀態中覺醒嗎？不論如何努力，大概很難。日本也有「反日」的「朝日新聞」，連在日本要糾正朝日新聞的誘導、

輿論的洗腦都很難，更不用說在台灣了。

　　中國派在二〇〇〇年民進黨政權誕生後，發現民進黨的政治手腕還很嫩，便開始有效地利用「統謀」。統媒首先散佈對民進黨政府不利的消息，再以爆料的形式檢舉、告發。在台灣，要有相當的功力才能分辨消息的真偽。就這點來看，日本媒體駐台灣的特派員全部不及格，如何分辨台灣新聞消息的真偽？也是日本台灣研究專家的罩門。

　　特別是「中國時報」寫的報導，真真假假，真裡有假，假裡有真，分不清哪一句是真、哪一個字是假。這種報導和「創作」沒有什麼分別。譬如，「李登輝總統夫人帶著美金潛逃」、「安倍和總統候選人馬英九會面」、「陳水扁夫人用機密費買首飾」等，上告到被統派控制的法院，也不可能有公平公正的判決。

　　就這樣，統派利用統媒混淆台灣社會與價值觀，使得台灣社會陷入混亂，其背後還有中國政府的支持。光靠統派及統媒在台灣動亂，就可省

去許多中國政府對台灣「文攻武嚇」的功夫。

荒腔走板的「藍營王子」馬英九

二〇〇六年前半為止，二〇〇八年最被看好的總統候選人，便是國民黨主席、前台北市長馬英九。馬英九是「藍營王子」，集藍營的期待於一身。不過在二〇〇六年後半，馬英九的人氣開始走下坡。本來「最適合當總統」，高達七〇％的支持率，跌到五〇％，並且還繼續下滑中。「世事無常」，可以說是台灣政壇的特徵。

馬英九人氣低落的理由不少。為了逼退陳水扁總統的造勢活動，卻產生了反效果。二〇〇二年在高雄市長選舉時只拿了一萬票的前民進黨主席施明德，脫離民進黨之後在台灣政壇也快混不下去。施明德在背後獲得藍營支持，以「打倒陳水扁腐敗政權」為口號，集結數十萬人包圍總統府。還未經司法審判，便以「貪污」為理由逼退合法選出的總統。國民黨及親民黨支持這種和紅

衛兵沒有兩樣的暴力手法，馬英九及宋楚瑜不但認同，並且參加了這項活動，引起國民的不快。

若只是追究陳水扁總統的家人及親信的金錢問題還好，沒想到馬英九自己在台北市長時侵佔公款的醜聞，卻一個接一個被揭發。馬英九侵佔公款的事實，可以說是物證俱全，幾乎沒有辯解的餘地及可能。連司法也不得不在二○○七年二月對馬英九提出控訴，一旦起訴，根據憲法的規定，馬英九將喪失總統候選人的資格。

馬英九人氣低迷的理由不只這樣。在馬英九擔任台北市長的八年，不但沒有任何政績，還得了「無能」的評價。女人只喜歡他穿著短褲慢跑的樣子。

馬英九的確是藍營的王子，但也不是沒有政敵，除了親民黨主席的宋楚瑜，國民黨內還有連戰，及王金平，還有台北市長郝龍斌。

連戰過去連選了兩次總統都告落敗，但是他卻不認為自己的落選是因為自己沒有人氣，而將落選歸罪於二○○○年李登輝背後支持陳水扁、

二○○四年陳水扁挨了二顆子彈。

總之，馬英九的光環已經開始褪色。

二○○八年的總統大選是「最後一戰」

二○○八年三月，台灣將舉行四年一度、也是第四次的總統大選。由於陳水扁將結束第二任期，依法不能三度參選。

藍營在二○○四年總統選舉敗退後，早早便認定馬英九是二○○八年的總統候選人。相反地，綠營則從謝長廷、蘇貞昌、呂秀蓮、游錫堃等創黨元老中，選出曾留學京都大學、號稱「知日派」的謝長廷律師。將來，統派媒體大概會報導謝長廷在擔任高雄市長期間的一些「據聞」、「傳說」與「聽說」的「金錢問題」。

目前為止，已經有許多前進先輩提到，有關台灣總統的必要條件，而我則一直認為，台灣總統最好不要是律師，但是，最後還是決定由律師

出身的謝長廷出馬。就世界史來看，過去雖然有林肯、甘地等律師出身的優秀政治家，但近幾年律師出身的國家元首卻讓人不敢恭維，譬如美國的柯林頓以及韓國的盧武鉉。

陳水扁政權，是台灣史上第一個本土政權。長期中國化的影響，加上政治經驗不成熟，在內、外壓力下也的確造成一些政治混亂。而陳水扁政權執政的結果，只是中華民國體制的延長，使得政治改革受到限制。

但是，二○○八年的總統選舉，對台灣來說是左右未來的決戰之一，甚至可以說是「最後決戰」。

統派藍營的最終目標，是和中國統一。自從二○○○年國民黨失去政權以來，他們打倒綠營的意念幾乎可說是「怨念」。如果不能用民主的方法奪回政權，即使用非民主的手段也在所不惜。反正，就是要不擇手段地打倒本土政權。過去，國民黨政府以「反攻大陸」為國策，動不動就將政敵羅織入罪為「匪諜」。一旦喪失政權，可能又

會立刻翻臉，高唱「國共合作」，勢不兩立的敵人將變成本土派的民進黨政權。

　　萬一本土派喪失政權，大概就是台灣民主政治的終點。二〇〇八年的選舉，可能成為台灣最後的總統大選！希望這只是杞人憂天而已。

想找回往日榮光的南北韓

一時的韓流熱

熱潮總有退燒的時候，這是之所以稱為「熱」潮的緣故。當然，「韓流」也不例外。根據報導，幾年前風靡日本歐巴桑的韓流熱，到了二〇〇七年，別說退潮，甚至已經接近「消失」。

過去日本韓流熱時，韓國輿論界一片「欣慰」，謂「日本的韓流證明了韓國文化優於『倭色文化』(『倭色』在韓文是『和風』、『日式』的意思)。事實上，韓國幾乎沒有自己的文化，不論是佛教、儒教、漢字，都是從中國傳入韓國，再原封不動地從韓國傳到日本而已。引爆韓流熱的連續劇「冬之輪舞」，和日本六〇年代到八〇年代的少女漫畫情節十分神似，但韓國人還是可以彷彿一切都是自己原創似地嘲笑日本。

　　但是，日本為什麼會流行韓流呢？韓流又為什麼在日本會轉眼間消失？我很感到興趣。

　　許多人說，韓流衰退的理由在於「韓劇品質下滑」，「連續劇製作成本的飆漲」。也有人說，「韓劇熱雖然消退，但是韓流明星人氣不減」、「韓劇喚起了中年歐巴桑對少女時代的鄉愁」，這些真的能說明韓流的消退嗎？

　　韓國人雖然保守，卻又比中國人具有創造力，腦筋也轉得比中國人快。此外，韓國人也很有藝術天分。但另一方面，其限制也多。

　　我們可以從文字，觀察到韓國人的「保守」。唐朝時代，東南亞各地競相發展自己的文學及文化，只有韓國人沒能創造出屬於自己的文字。韓文是在世宗，也就是十五世紀才出現的。雖然有了韓文，但卻不普遍。

　　而每當王朝或者政權交替後，韓國人又會徹底破壞前朝文化及傳統，因此說韓人超級保守，其實也未必。我們可以說，韓人就是具有這樣的雙重、兩面性。

　　朝鮮半島三面環海，又緊鄰大陸，可以說是位在海洋及大陸的十字路口，成為兵家必爭之地是其宿命。結果，韓國選擇跪伏在中華帝國之下，並做了其屏藩超過一千年。

　　但是，如果再和世界史上其他的半島國家相比，我們可以發現，並非所有半島國家都有屏藩國家的宿命。半島的確是眾多政治勢力的十字路，但也同時是文化的十字路，具有開發新文化、新文明的潛能。譬如，發展出希臘文明的希臘半島、羅馬帝國的義大利半島、位於伊比利半島的西班牙及葡萄牙，也創造出大航海時代，改變了近代史。眾多優異的半島文明，卻只有朝鮮半島例外。朝鮮半島既沒有大遠征的英雄，也沒有留下可在人類文化史上留名的哲人、藝術家。說起朝鮮半島的「英雄」，大多是抵抗的英雄，像暗殺伊藤博文的安重根，充其量只是個搞暗殺的恐怖份子。

　　這樣的侷限，跟人口也沒有甚麼關係，創造文化並不需要龐大的人口。古代希臘城邦的人

口，不過數千到數萬而已，卻創造出人類史上留名不朽的古代希臘文明，且影響後世至今，義大利城邦也是如此。反過來看人口上十億的現代中國，即沒有新文明，也沒有新的文化，反而還有一堆負面的遺產。而韓國則被稱爲「隱者之國」，那是因爲韓國人一直窩在朝鮮半島裡面，裹足不前。

朝鮮人觸犯國禁，開始大量流出，是在李朝的末期，並且只限流出到滿洲或沿海州而已。他們眞正看到另外一個世界，是在一九一〇年日、韓合邦之後。由於朝鮮半島缺乏勞動力及天然資源，旁邊又有虎視眈眈的俄羅斯和中國，爲了這個劣勢，大日本帝國還爲朝鮮投注龐大的經費，重新整備基礎建設和軍事防衛。

朝鮮半島在日、韓合邦後，總算開始了現代化。韓國自日本獨立後，開始排除「倭色文化」，卻仍無法發展出自己的文化。韓流雖然擺脫、但並未克服「倭色文化」。因此，才會在日本引發一陣串讓歐巴桑（師奶）懷舊的熱潮。而且，韓流

並未成為世界性風潮，至少在大中華的中國，韓流被文人視為夷風而遭到排斥。

於是，韓流在日本成為過境寒流，在中國則遇上大中華國家主義而煙消雲散。這短暫的韓流，正好象徵朝鮮半島文化的處境。

盧武鉉政權臨終前的迴光反照

「親北韓、反日、反美」的盧武鉉政權，繼承同樣屬於左翼的金大中政權對北韓的宥和、太陽政策，引起世界矚目，特別是在日、韓間引起議論。盧武鉉之前是勞動團體的律師，可說是個如假包換的左翼人士，就繼承金大中的韓國赤化政策來看，是非常方便而理想的人物。

做為金大中下一任的韓國總統，盧武鉉飽受批評，因為盧武鉉缺乏總統應有的資質與見識，也沒有明確的國家戰略。盧武鉉唯一的優點，只有在固執的左翼思想，並且忠實地實行金大中的對北韓政策。

金大中為什麼需要這樣的繼承人？

由於實現了南、北韓高峰會議，金大中獲得諾貝爾和平獎。若沒有後人繼續推動太陽政策，這個功績便無法繼續維持。為了實現兩國高峰會議，金大中給了金正日五億美金的秘密資金做為回饋。金大中需要一位願意繼承相同路線的後繼者，來維持這個功績。其結果是，韓國不但已經連續九年都是左翼政權，並且讓韓國社會嚴重地左傾。加上韓國媒體對「赤化統一」的支持及鼓吹，韓國甚至出現了將金正日神格化的年輕人。

物極必反，到了這個地步，情勢終於起了變化，右派勢力開始有了些起色。

首先，是以內亂罪檢舉盧武鉉總統的「市民起義」運動。連韓國最具代表性的反日報紙「朝鮮日報」，也批評盧武鉉「只會批評日本」。二〇〇七年底的韓國大選還沒到，盧武鉉政權就已經形同僵屍。盧武鉉政權末期的支持率，只剩下個位數字，韓國總統卸任後，被清算、逮捕的宿命正等著盧武鉉。

一九八〇年代初期，蘇聯和東歐社會主義政權瓦解時，中國以「蘇東波（坡）」稱之。當時，全世界都認為，社會主義體制的垮台是潮流趨勢，終會有波及到中國及北韓的一天。就算不是立刻，也只是時間的問題。

但是沒想到，東亞的社會主義體制卻和專家預測相反。東亞社會主義體制出乎意料地仍然健在。怎麼會這樣呢？

冷戰時代，將地球一分為二的思想便是「社會主義之夢」。冷戰結束後，夢醒了，但是左翼思潮並未消退。事實上，包括日本，左翼思想仍然非常普遍，並有其支持群眾。如果說戰後日本的左翼教育是左翼思想在日本的遺蹟，那麼該如何解釋社會主義政權仍然能在中國、越南、北韓苟延殘喘，甚至連傳統的「反共國家」韓國，也開始左傾化呢？

我聯想到的，是儒教思想及馬克主義思想的類似性。

馬克思思想主張世界公民，儒教思想也是天

下主義。馬克思主義說「宗教是人民的鴉片」，儒教要人「敬鬼神而遠之」，兩者都非常地「世俗」。馬克思主義追求的理想社會是「無產階級專政」，儒教思想追求的也是今生現世，而非來世。馬克思主義的前峰是共產黨的幹部，儒教則是讀書人、士大夫。兩者都致力於「教化人民」。因此，我認為可以把《論語》、《孟子》直譯為馬克思思想。

不只在思想上類似，亞洲社會主義革命成功的國家，都是儒教文化圈的國家。日本雖然也有過「人民共和國」革命，卻未能成功，因為日本並不屬於儒教文化圈。

那麼，為什麼儒教文化圈的社會主義政權，至今仍屹立不搖呢？

儒教不但保守，而且注重形式大於實質。就算形式和實質不一樣，也不怎麼在意。漢帝國後的「陰法陽儒」，便是其典型。簡單說，嘴巴說是社會主義國家，卻也可以比資本主義更資本主義。因此才能產生「具有中國特色的社會主義市

場經濟」，還有越南的「刷新經濟」。

這是儒教的特色，也是儒教文化圈社會主義政權尚未解體的理由。

韓國的「左翼革命」結束了？

從金大中政權（一九九八～二○○三）到盧武鉉任期結束的二○○七年為止，韓國左翼政權維持長達十年（韓國總統任期一任五年，不得連選連任）。盧武鉉政權為了下一任的左翼政權，目前正用盡各種手段及方法。其中一個，是「總統任期四年一任，得連選一任」的憲改法案。但是國民對連續十年的左翼政權已經感到厭煩，在野黨也已經決定無視這個法案，韓國左翼政權，可以說氣數已盡。

本來韓國在韓戰後的東西冷戰時代，還是「反共急先鋒」。越戰時也派兵越南，和美國一起並肩作戰。話說回來，美國也投注了史無前例的財力、物力支援韓國。美國在大戰中不但支持韓

國獨立運動，韓戰也犧牲了五萬名美軍保衛南韓。甚至還以購買韓國貨來牽制朴正熙、全斗煥，以支持韓國的民主化運動。

但是冷戰一結束，韓國卻誕生了反美親北韓政權。和蘇聯及東歐解體的世界趨勢反其道而行，韓國成爲阻止北韓崩潰的守護神。這個在世界史潮流看來非常詭異的現象，卻是韓國目前的寫照。

要分析這個異常現象，得由韓國的政治、經濟、社會、文化背景，以及其國民性、左翼活動家、北韓諜報工作等各種角度來分析。

戰後的朝鮮半島，追求民族高於追求民主。這點不論南、北韓都一樣。而且韓國漸漸地在民主之前加上人民，越來越接近所謂「人民民主」（北韓的國名爲「朝鮮民主主義人民共和國」）。金大中政權時代所建立的左翼政權，在盧武鉉時代更加強化。

掌握盧武鉉政權核心的，是所謂的「三八六世代」（九〇年代時，稱當時約三十歲，在八〇年

代參加過學生運動，且生於六〇年代的人爲「三八六世代」）。「三八六世代」也是領導學生運動的世代，包括了神職人員、文化界、媒體及市民團體。他們重視「民族」甚於「國民」，因此「親北韓、反美、反日」，可以說是極其自然的結果。

冷戰結束後，社會主義意識型態失去魅力，沒有遠景，只能清算過去。於是，韓國到現在還在清算「親日派」的「腐敗資本家」。「反日法」及「親日眞相糾明法」便是其代表，是以「清算過去」爲藉口的「反日」國家政策。

爲了南北聯邦，南韓熱衷社會變革，更甚於解決國政課題。對左翼親北反美政權來看，這當然就會發生尊重北韓間諜人權，卻無視亡命南韓的北韓難民人權的結果。

但是，「親北韓、反美、反日」的路線，並未獲得國民廣泛支持。於是，盧武鉉政權的支持率低迷，民心離反，盧武鉉與媒體對立。

韓戰後，南、北雙方互相指責對方是美、蘇的「殖民地傀儡政權」。自從韓國左翼政權誕生以

後，政治版圖有了很大的改變。北韓到現在仍然是「先軍政治」（以軍為先的政治）的主體思想，甚至為了維持金氏王朝而擁有核武。反觀南韓，自金大中政權以來，便漸漸地變質，在盧武鉉政權之下，韓國不斷地「北韓化」。

盧武鉉進行「廢止國家保安法，取消韓美同盟、和平主義國家化」等政策，伴隨所謂的「南北宥和」而來的，是韓國國家意識的消褪。實際上，盧武鉉政權還曾經說過，「北韓一面建國，一面肅清協助日本殖民地的親日派，反觀與親日派攜手建立的大韓民國實在可恥。」

這很明顯的，這是由於北韓的諜報工作而擴展的階級史觀，並且想要依此來「清算過去」。韓國的北韓化，是否為不可阻擋的潮流？

左右韓國總統大選的要素

韓國在二○○七年十二月十九日舉行總統大選，二○○八年四月則有總選舉。台灣則是在二

○○八年一月立法院選舉、三月總統大選，對兩國來說，這兩次的選舉都非常地重要。兩國不論是在野黨還是執政黨，都為大選而摩拳擦掌。

南韓在野的大國家黨，平均支持率約四○％。根據了解韓國政情的人士指出，在野黨雖然佔壓倒性的優勢，但是其未知數也多。

李明博已經當選南韓總統，保守右派政治勢力，再度掌握南韓政權。從二○○七年一月的民調就已經顯示，擔任過首爾市長的李明博，一直擁有高達五○‧八％的領先率，朴槿惠前大國家黨代表二二‧五％居次。執政黨的鄭東泳前黨議長只有二‧四％，金槿泰黨議長僅有○‧五％，兩位的民調結果都差強人意。從這個數字來看，已經沒有人可以繼承盧武鉉路線，所以盧武鉉大意失荊州。

前執政黨－開放國民黨，當時設想的起死回生的祕方，就是「國會議員集體退黨→組織新黨」。二○○七年之後，有三十位以上的國會議員相繼退黨。沒想到最後連盧武鉉也退黨了。盧武

鉉說，「如果大家因為我而退黨，不如我退黨好了」。看起來，盧武鉉是替低迷的支持率負責。據說，盧武鉉也只是不想再管沒有人氣的開放國民黨，想要另起爐灶組織新黨，以繼續第三代親北韓反美左翼政權。實際上，在野黨的大國家黨也批評，「總統的退黨是政治的陰謀」。

不論如何，盧武鉉在末期已經成為「跛腳總統」，支持率只剩下個位數字，執政黨的開放國民黨支持率也跌到二〇％。雖然沒有人氣，但是仍然力圖想要起死回生，並且以金大中以來第三位親北反美的左翼總統為目標。

儘管盧武鉉多次強調，自己上任後「房地產價格上昇了二〇％」，「福利預算每年增加了二〇％」，但是其人氣還是無法回昇。總統退黨以後，不但黨勢未見恢復，今後是否能有起色也無法預測。南韓選民離開放國民黨越來越遠，總統的退黨是其迴光返照的最後的掙扎。

回顧南韓總統大選的歷史，可以發現南韓總統「常常退黨」。譬如盧泰愚、金泳三和金大中都

退過黨。退黨的理由，大多由於黨內僵持不下地各持己見，如金大中則是爲了撇清兒子的金錢醜聞。不論如何，左翼親北韓反美政權，爲了對抗在野黨的大國家黨，而不得不集結、重組所謂的中道、自由派勢力。

另一方面，在野的大國家黨自二〇〇五年以來的各種選舉，幾乎連戰連敗，問題在於無法整合參選人。其實，保守勢力在過去的二次大選中雖然都佔了優勢，但是卻都因爲最後整合失敗而敗選。這也是韓國保守勢力所謂「失落的十年」的關鍵。

台灣也是如此，二〇〇〇年總統大選，也是因爲國民黨勢力無法整合成一組參選，使得陳水扁政權應運而生。從這些事實來看，可以確定，爲了要在總統大選中獲勝，各國的政界都會加快合縱連橫的重編速度。

另外，韓國左傾化政權的成立和東亞的文化背景有關。不只韓國，「和社會主義無緣」的台聯（台灣團結聯盟）也計畫更改黨名爲「社會民

主黨」，可見有些人對社會主義仍有幻想，因此在這裡，我們有必要了解東亞社會潛在的文化背景。

社會主義思想面對世界性崩潰，中國國家主席胡錦濤到現在卻仍高喊「回歸毛澤東主義」，並且以北韓的金正日政權為模範，呼籲國民「學習」。胡錦濤在二○○四年九月掌握黨、政、軍三權之後，要求中央宣傳部召開全國媒體會議，下達二十九條禁令，包括「我們必須向古巴及北韓學習。朝鮮雖然面臨一時經濟困難，但是其政治正確。」

本來，要大中華的中國，向自稱「小中華」的北韓學習，是不可原諒的屈辱，胡錦濤要求向北韓學習的談話，著實令人吃驚。

身為反共國家的南韓，第十六任總統盧武鉉的左翼政權，可視為東亞時代潮流的一個現象。就如眾所預測，盧武鉉政權混亂、騷動不斷，但是卻也非常地有韌性。

不論被彈劾幾次，盧武鉉仍能苟延殘喘至今。二○○四年三月，針對總統大選時的違憲言

論，國會通過了彈劾決議。該年十月也對「首都遷移」法做出違憲判決。接著開放國民黨在二〇〇六年五月的統一地方選舉大敗之後，二〇〇七年一月十五日，以退役軍人為中心的國民行動本部舉辦了「盧武鉉總統刑事告發說明會」，試圖以內亂、外患、通敵的嫌疑控告盧武鉉，並且約有上千名民眾參加。

「三一獨立運動」的「三一節」，原本是反日集會的盛會，但是在二〇〇七年，卻一變而成為「反北韓反盧武鉉」的國民決起集會。

左派勢力掌握了目前韓國的主導權，在野大國家黨也逐漸轉型為抗爭的組織。兩者的攻防戰已經是短兵交接的局面，決定勝敗的關鍵是什麼呢？

「軍隊」─「月刊朝鮮」的前編集長趙甲濟這樣預測。

韓國「斥前朝」的「傳統」

　　自從第一任總統李承晚以後，韓國歷代的總統都免不了在任內或退任後遭到「清算或逮捕」的悲劇。彷彿已經是韓國歷任總統的宿命。

　　這個現象並非戰後才開始，而是歷史法則。中國戰亂年年，韓國則是日日黨爭。

　　韓國是儒教國家，儒教國家的最小單位是氏族、宗族，其利益優先於國益，因此集團抗爭的黨爭總是不斷發生。

　　就朝鮮半島的歷史來看，特別愛內鬥的便是李王一族。自太祖李成桂以來，五百多年的李朝史中，王位、世子、王妃、外戚、權臣、士林（新興官僚）殘忍的篡奪、滅族、士禍、朋黨之爭，從來沒有中斷過，朝鮮史甚至可以說是背叛與屠殺的歷史。

　　要知道韓國的未來，我們絕對不能忽略的「歷史法則」有－黨爭不斷；「斥前朝」的傳統。

　　從朝鮮史可以發現，每當改朝換代或政權交替的時候，前朝文化便會被體無完膚地破壞殆盡。譬如，新羅統一朝鮮半島（六六八年）時，

一方面採用唐的制度及文化，另一方面則徹底破壞檀君、三國、三韓以來的傳統土著文化。在新羅朝末期、後百濟的甄宣在亡國之際，收集、並焚燒了三國的書（九三六年）。還有高麗朝（九一八～一三九二年）後期蒙古人入侵時，王朝貴族也積極地改採蒙古文化，並且徹底地否定高麗文化。到了李朝時代（一三九二～一九一○年），由於極端地崇拜中華文化，使得高麗朝的佛教文化被徹底破壞。

根絕前朝的「斥前朝」文化，也是朝鮮歷史的必然。

先前已經提到，二○○四年三月盧武鉉總統的彈劾決議，以三分之二贊成而通過。盧政權動員媒體反擊，接著憲法法院則推翻了國會彈劾決議。當時開放國民黨議長鄭東泳跪在地上哭喊：「對不起各位國民，議會搞叛變來對付國民選出的總統，各位要站出來啊！」。這時媒體也配合演出，指責議會的彈劾決議「是多數的叛變」。大多數的南韓人信以為真，結果隔月的國會議員

選舉中決議彈劾的大國家黨和民主黨大敗，開放
國民黨獲得議會一半席次，一躍成為執政第一大
黨。

　　這樣的朝野攻防，將來大概也會持續。譬
如，是否要撤去麥克阿瑟銅像之爭，便是美韓同
盟是否即將結束的指標之一。但是南韓國民對等
於要趕走駐留美軍、解散美韓聯軍司令部、爭奪
戰時作戰統制權，或撤廢國家保安法等問題，還
是有所顧忌。因為如果解除美韓同盟，韓國便會
像北韓一樣，再度淪為中國的「千年屬國」，這是
韓國在國際力學上無法避免的命運。

　　冷戰結束後，由於北韓和韓國國內左翼勢力
的裡應外合，使得韓國的異變，已經到達臨界
點。照這樣下法，金正日統一南北韓，也不是不
可能實現。

　　當然其前提是必須確保左翼勢力政權，不然
的話，「斥前朝」的傳統：總統退任後被逮捕入
獄的悲劇，肯定會臨到盧武鉉身上。

金正日體制的今後

　　韓戰已經過了半個世紀，過去被稱為「地上樂園」的北韓，在歷經金日成、金正日兩代統治後，光鮮的外表已經剝落。流氓國家過去除了有淀號墜機事件（一九七〇年）、大韓航空炸機事件（一九八七年北韓諜報員，偽裝成日本人在大韓航空上放定時炸彈，造成一百一十五人死亡），以及日本人綁架事件（北韓的諜報員在日本及世界各地綁架特別是有技術及專長日本人到北韓）。現在，又以核武和彈道飛彈，製造世界性的話題。

　　一九九三年三月，北韓脫離「防止核武擴散條約」（NPT）。之後，基於國際現實，還是加入NPT，並接受國際原子能總署（IAEA）的檢查，沒多久，又變卦，不接受檢查，並且說三道四，最後二〇〇六年發表「核武宣言」。這期間，包括美國、日本，全世界都被北韓耍著玩。

　　顯然，北韓這樣耍全世界，是為了顯示自己的存在。更進一步說，也是宣傳自己「雖然鎖

國，但並非完全封閉」。

有關北韓的核議論，一直停留在「已經有幾枚核彈頭」、「其實還沒有核彈頭」的口舌階段。自從北韓政府當局發表核子實驗成功，美國政府也正式認定北韓的核子實驗之後，國際輿論轉移到「該如何處理核子國家北韓」的階段。包括六方會談及聯合國安理會，都積極介入北韓和伊朗的核子問題，但卻沒有什麼成果。

那麼，北韓為什麼要保有核彈？

首先，擁有核子武器，已經成為北韓的生存之道。以核武做為外交交涉牌，只是為了確保食糧及能源來源，除此之外，核武也是金氏一族維持體制的終極武器。對金氏一族來說，如果金體制不能維持，不如「自爆」算了！也有很多人認為，一旦北韓政權發生危機，北韓很有可能會使用核武，其目標若不是南韓、中國，極可能就是日本。

　　就這個角度來看，北韓核武是東亞安全的極大威脅。

　　一九九三年，北韓進行射程一千三百公里的「蘆洞」（No-Dong）中程彈道飛彈的試射，蘆洞飛彈飛行了五百公里後，墜落在能登半島的日本海海域。一九九八年，北韓再度發射「大浦洞一號」（Taep'o Dong-1）中程彈道飛彈，第二節火箭跨過日本列島上空，引起高度震撼。目前，北韓則擁有射程超過三千六百公里的「大浦洞二號」（Taep'o Dong-2）洲際彈道飛彈。北韓要讓「東京變成火海」的恐嚇，已經無法一笑付之。根據專家推算，如果東京市中心挨一枚飛彈攻擊，將有五十萬到七十萬的人口會立刻死亡，被害人數將高達五百萬人。

　　比北韓更恐怖的，則是中國的核武。過去中共黨中央軍事委員會的張震副主席曾警告美國，「中國握有可以消滅美國全土七次的核武力量」，朱成虎將軍，也曾恐嚇要以核武攻擊美國。

　　本來，連能源、食糧都得靠中國的北韓，還

能握有核武，我們只能說這是窮兵黷武。世界沒有辦法阻止北韓開發核武，很顯然的，是因為北韓有中國當後盾。

北韓體制何時崩壞？

金正日在一九九四年死亡後，美國政府相關人士或朝鮮問題的專家，便不停地預測北韓「即將」、「再過n年」就要解體。稱得上是世界史上，最常被預言將要亡國的國家。

現在，北韓仍然具有許多體制將可能崩潰的要素。金正日的獨裁是一個，另外每年農作物都面臨凶作，緊接著伴隨而來的饑荒、能源不足，其中任何一個理由，都可能導致政權崩潰。北韓體制有這麼多崩潰的危機，也不是沒有可能發生大災難。

就近年的例子來看，羅馬尼亞獨裁者希奧塞斯古（Nicolae Ceausescu）、印尼的蘇卡諾、蘇哈托，菲律賓的馬可仕等獨裁體制，都在轉眼間便

消失無蹤。更何況是有超過百萬人民餓死、慢性化糧食不足、難民不斷外逃的北韓，還能像九命怪貓地苟延殘喘？才是真的不可思議。

我個人是聽「反共必勝」、「暴政必亡」這類的宣傳長大的。但是中國社會主義政權不但健在，還活蹦亂跳。也沒有被世界潮流的「蘇東波」所淹沒。體制崩壞絕非只有單純的一個因素。誰都認為快要崩壞的政權，卻出乎意料地延壽長命。

史達林、毛澤東、金日成個個享盡了天年，蔣介石及蔣經國父子的獨裁雖然只持續了二代，兩人也是壽終正寢。那麼金日成、金正日的情形如何呢？金正男可以順利接棒嗎？有關這點，由於不透明的要素太多，無法預測。

就算有上百萬人餓死、就算難民不斷，也不見得就能造成政權的崩壞。事實上，毛澤東時代，由於大躍進的失敗，上千萬人餓死，革命政權樹立以來，也有另外數千萬人被屠殺，這也沒有讓中國共產黨政權垮台。自改革開放以來，又有每年高達一百萬的國際盲流從中國出逃，但是

共產黨政權還是健在。更何況，北韓自古以來便是貧窮、被南方歧視的土地，即便有一些人餓死，這也不算什麼，是當地人的傳統心態。難民的出逃與其說是李朝時代的傳統，不如說是北朝的常態。

像北韓一樣，徹底管理國民的物質及精神生活，並加以洗腦鎖國的國家，便不容易崩潰。更何況，人類本來就有奴性。因此也可以說，只要北韓的國民「不覺醒」，獨裁體制總可以出乎意料的長命。

朝鮮「綁架不算什麼」的歷史

二〇〇二年（平成十四年）九月十七日，小泉純一郎首相突然訪問北韓，帶回了五名被綁架到北韓的日本被害人。二〇〇四年五月第二次訪問北韓，將留在北韓的八名家人帶回日本。

但是之後，北韓綁架日本人的問題，卻沒有解決。北韓一味地主張，「綁架問題已經解決」，

日本人竟然受騙，讓小泉飽受「只救了一部份的被綁架的被害人，卻對大部份的綁架被害人棄而不顧」、「一時的功名心使得綁架問題陷入了困境」的輿論攻擊。

綁架問題雖在日本是重大政治問題，但是日本以外的國家卻不怎麼關心。的確，布希總統也曾和綁架被害人家屬見面，表示一定程度的關心。但是美國議會卻未曾將綁架視為重大問題。

由於日本不停地強調北韓的綁架問題，國際社會好不容易才開始重視北韓這個國家，不論在綁架、核子武器、彈道飛彈等層面，都可能影響到國際的安全保障政策。其實，這個世界已經放任北韓很久了。

很多日本人認為，「每個生命都比地球還重」。這雖然是日本人的常識，卻是其他各國的「沒常識」。「就算大家都死了，我也得活下去」，才是大多數國家與人類的常識，這和日本價值觀有很大的出入，也可以說是日本人太天真。

話說回來，「綁架」常見於朝鮮半島。

　　不論是戰時或者平時，「強制連行」（強虜），是朝鮮半島的傳統。早自唐朝就有記載，朝鮮每每在戰敗之後，便被唐軍、蒙古軍、滿蒙八旗軍從朝鮮半島強拉到大陸。朝鮮半島每遭到他民族入侵時，就有大批的朝鮮人被帶到北方。根據記錄，清太宗時的滿蒙八旗軍，強拉了朝鮮半島一半的人口。接著蘇聯社會主義時代時，也遭到史達林的強制連行，被強制居住在西伯利亞的朝鮮人有四十萬，之後還被強制遷移到哈薩克斯坦。

　　韓戰當時，也有數十萬韓國人被強拉到北韓，朝鮮半島的南北離散家庭產生，有其歷史背景。在金大中還未成為南韓總統之前，曾在日本東京格蘭皇宮酒店（Grand Palace Hotel Tokyo），被南韓的中央情報局（KCIA）特務，綁架回國。

　　對日本人來說，「綁架」是個可以震驚社會、讓首相親自出動、甚至左右選舉的特殊事件，但是對朝鮮人來說，這只是傳統文化的一小部份，沒有什麼可以值得大驚小怪的。

事實上，被北韓綁架的韓國人比日本人還多，南韓對綁架問題的關心度，卻沒日本高。與其說不關心，不如說早已經放棄死心了。無論是北韓或者南韓人民都認為，「綁架不算什麼，犯不著小題大作」。至於為什麼能放棄地那麼早，因為這在朝鮮史上是家茶便飯。

「事大主義」的南韓及北韓

「事大」和「中華」這兩個專有名詞，是了解南、北韓的關鍵字。所謂的「中華」，指的是中華思想；「事大」則是指孟子在梁惠王篇所說的「以小事大」，也就是「小的聽大的」、「弱勢服從強勢」的思考方式。

「中華」和「事大」，暗示了朝鮮半島的宿命。因為是「宿命」，沒有喜歡或不喜歡，無法躲避，也無法逃避。

韓國人最近有了自信，開始說「廿一世紀是韓國人的世紀」。中國人也自信滿滿的說，「廿一

世紀是中國人的世紀」。不論大中華或小中華，都
開始有了自信，和老是怨嘆「日本快不行了」的
日本人相比，大、小中華的精神衛生健康多了。

我已經多次指出，朝鮮半島的三國（高句
麗、新羅、百濟）鼎立、及現在的南北對峙時
代，都是「事大」造成的命運。對照一下歷史，
這樣的看法並沒有錯。

回顧歷史，「四夷八蠻都曾主宰中華」。蒙古
人、滿洲人都曾征服中國全土，女真人、契丹人
也曾經支配華北。其支配領域雖然不及蒙古人及
滿洲人，但是逃到南方的宋，曾朝貢女真的金王
朝及契丹的遼王朝。由此可知，兩者帶給宋朝多
大的威脅。西邊羌族的西夏，也曾帶給中國威
脅，西藏的吐蕃，還曾經一度攻下唐的首都長
安。

中華週邊的異族，都曾「主宰中華」。唯一在
中國附近卻又不曾予以支配的，就只有朝鮮。從
人口數及物產的豐富來看，朝鮮應有實力可以征
服中國，但不但沒有能征服中國，連中國歷朝的

首都，也不曾攻下。即使在最富強的時代，新羅
以降的高麗朝的時代，朝鮮人也未曾征服過中
國。

因此，不論南北韓如何地大言不慚，不要說
鄰國，連對小國的自己都無法「以小事小」。即便
廿一世紀從國際力學來看，朝鮮半島的「事大」，
是無可迴避的命運。

朝鮮作為中華帝國的近鄰，總是得看中華帝
國的臉色，在地理上卻又無法逃離，所以一直採
取「事大主義」國策。這是朝鮮有史以來，以中
華帝國為「事大」的屏障藩屬國史。

到了近現代，國際力學變動，中華以外的大
國接連誕生。朝鮮半島便以蘇聯、美國、日本為
「事大」，而左閃右閃生存至今。北韓的社會主義
政權樹立之後，高舉「主體」為標語。但是其結
果是「孤立」及「鎖國」，這也證明朝鮮半島為了
生存的「事大」宿命。

日本戰敗之後，南北韓都一面倒以「反日」
為國家政策，一面以美國、蘇聯為「事大」建

國，在中、蘇夾縫之間求生存的北韓，在蘇聯解體後，不得不以中國為「事大」。到頭來，還是無法擺脫朝鮮半島的宿命。在國際社會孤立無援的的北韓，為了生存、糧食及能源援助，只能死纏著唯一還理北韓的監護人－中國。雖然中國也覺得很煩，卻不得不理北韓。

　　有關中國是否意圖併吞北韓，或者將北韓殖民地化的議論，我認為中國大概沒有這樣的意思。並非中國沒有能力，而是這個算盤的利害得失。對中國來說，北韓是個大麻煩。若就一隻「看家犬」來看，北韓又勉強夠格。而且，北韓越麻煩，中國越可以拿來作外交的一張牌。因為美國和日本都為了北韓問題跑來求中國「好好管管北韓」。

　　當然，北韓也必須對中國有所警惕。過去阿爾巴尼亞追隨中國的結果，落得被物盡其用、用了就丟的不堪下場。

　　當然，對北韓而言，「服侍中國」也不是萬劫不復的命運，北韓不會不明白。至於日本在北

韓的眼中，不過是美國的看家狗而已。但是，對
美國而言，美國也可以選擇回歸門羅主義（孤立
主義），將包括日本在內的東亞及朝鮮半島問題，
統統丟給中國。

「南北統一」何時成？

　　戰後六十年，祖國統一是南、北韓的悲願。
在美、蘇的占領之下，南北對於獨立的意見相當
分歧，接著發生韓戰，南北終究無法統一。這六
十年來，南北以統一為前提，從統一球隊到最近
的聯邦制等，兩方都做了許多的嘗試。

　　為什麼南北都希望「統一」，卻無法「統一」
呢？

　　有人認為，朝鮮半島之所以會分成南北兩
邊，都是「日本害的」。但是二次大戰之後，分別
進駐、支援南、北韓的是美、蘇兩國，在韓戰
時，派軍隊參戰的是中國。如果說誰對南北分斷
有責任，也是這三國的其中一國，輪不到日本來

負責。

那麼，為什麼又要說是「日本害的」呢？

其理論是，朝鮮半島有史以來是一民族一國家。在「日帝三十六年」後，分斷成南、北兩國。如果沒有日帝這三十六年，朝鮮半島就不會被分成兩半。要不然，如果日本早點戰敗，蘇聯軍也不會進駐北韓，朝鮮半島就可以在美國軍的占領下以一個國家完成獨立。

這種「都是日本害的」的想法，又稱為「唯日史觀」。反正千錯萬錯都是日本的錯，朝鮮半島的分裂狀態也是日本的錯。但話說回來，這卻又間接證明了，即使在戰後六十年，南、北韓還沒有能脫離日本的影響。

如果以韓國人最喜歡的「自律史觀」來看，南北分斷的原因在於自己自身，朝鮮半島未能統一的理由當要反求諸己。就算美、中、蘇、日害朝鮮半島南北分斷，但那都已經過去了。超過半個世紀還未能統一的責任不在別人，在於自己。

另外，如果南北兩方都渴望統一的話，明天

就可以統一。不論日本、美國、中國、俄羅斯都沒有人會反對。南北統一不成，不免令人懷疑，南北真的想統一嗎？

如果北韓說「我們統一吧！」，南韓就會歡欣鼓舞地接受嗎？表面上好像大家都渴望「南北統一」，實際上也有許多人並不這樣想。東、西德統一之後，舊西德的繁榮消褪是事實，若冷靜地思考南北統一後的情形，其答案並不樂觀。實際上也有很多人認為，南北一旦統一，對南韓來說是個悲劇。

台灣人也很明白這一點，台灣一旦和中國統一，除了悲劇別無他物。因此，不論中國如何恫嚇，台灣人還是不願意和中國統一。因為和中國統一，是個不折不扣的惡夢。

因此，我很懷疑南韓人民是否真的「渴望」統一？地球上可以統一的國家很多，譬如拉丁美洲的各國，或者伊斯蘭教諸國等，都在民族及文化上具備統一的要素。沒有統一，實在是因為做為近代國民國家，其歷史及利害關係不一致所

致。

朝鮮半島自三韓時代、三國時代，便有分裂的經驗，在新羅統一後有一千年以上的共通歷史。但是若就半島史來看，統一時代發生的悲劇，比分裂時代還多。其原因在於韓國人的黨性堅強，朋黨之爭不斷，分床別居遠比同床異夢來得好眠。

事實上，三北地方長期被三南地方歧視。三北地方非常地貧窮，過去以流刑（放逐）之地聞名。另一方面，三南地方非常富裕，對於住在朝鮮半島南方的人來說，北方是貧窮的流放之地，南方人瞧不起北方人也不是不能理解。李朝時代，非京城（首爾）出身者不能當官，西北地方和東北地方出身的人，更是被完全排除在官僚界之外。

除了出身地的歧視以外，還有兩班、常民、賤民的階級差別，這樣的歷史文化背景，到今天仍然持續。

朝鮮是個人種、地方、職業貴賤仍根深蒂固

的國家，更不用說在經歷意識型態對立的冷戰時代，各自體驗了完全不同的歷史悲喜劇之後，南北眞的能統一嗎？統一眞的能帶給兩國幸福嗎？

南、北韓在北京奧運中，也許可以以一個隊伍出場，南、北韓也會繼續討論有關統一問題。但是，也有可能南韓人民有一天會拒絕統一。因為對南韓人來說，南北分斷才是國益，也沒有比這個更好的選項。

如果希拉蕊當上了美國總統

即使這樣，美國還是不會沒落

美國的抬頭，是廿世紀初的事情。

一七七六年，美國十三州獨立之後，美國以戰爭或購買的方式，往西部拓荒、開發，最後擴展到美洲大陸西岸的太平洋。十九世紀中葉，來到東洋的美國，逼迫日本「開國」，一八九八年的美西戰爭，美國從西班牙手中奪下菲律賓。因為較英、法、俄、德還要晚進出中國，美國便大力主張「門戶開放、機會均等」，以加強自己的勢力。進入廿世紀後，美國打倒德國和日本，並超越英國成為西方諸國的盟主，戰後美蘇冷戰對峙，最後蘇聯解體倒台。

美國克服種種挑戰，以一個世紀的時間建立了「Pax Americana」（譯注：美國制霸下的和平秩

序）。冷戰結束後，成為天下無敵的「獨霸」。但是美國並非就此沒有挑戰者。也有虎視眈眈地等著取代美國的國家，譬如中國。

廿世紀美國最大的挑戰，並非來自日本及德國，而是共產主義的挑戰，也就是戰後長達五十年的冷戰。最後，世界級規模的階級鬥爭，無疾而終。

其間，也有傅高義（Ezra F. Vogel）所著《日本第一：對美國的啟示》（Japan As No.1, 1979）及保羅甘迺迪（Paul Kennedy）的《霸權興衰史》（The Rise and Fall of the Great Powers, 1987）等，都預測了美國可能會沒落的議論。但事實上，美國不但沒有沒落，還越來越強盛，甚至可說不動如山。光看美國的經濟力也可以明白，美國沒那麼簡單就沒落。

英國在「日不落國」時代，國內總生產值佔全世界的十分之一。美國現在的國內總生產，便佔世界的三分之一，是日本的二‧五倍、中國的八倍、俄羅斯的三十倍，其經濟規模可以說是史

無前例。

的確，被稱為「金磚四國」（BRICs）的巴西，俄羅斯、印度、中國等國，經濟正以驚人的速度高度成長，但是十年、五十年之內，仍然不可能挑戰美國。而且不論是金磚四國哪一國，甚至歐盟（歐盟）或日本，都有內部矛盾及問題。因此我認為，「Pax Americana」在短期間不會有改變。

美國的軍事力是「世界警察」

在保羅甘迺迪的《霸權興衰史》中，舉出許多具體的實例，論述大國總是因為過大的軍事力所帶來的負擔而沒落。

的確如此，日本之所以能在戰後達成高度經濟成長，是美國替日本防衛了日本。或者也可以說，日本搭上了美國整備「國際新秩序」的列車。換句話說，日本因為不用負擔國防費用，所以才能實現高度的經濟成長。八〇年代，日本的

成長甚至造成美國經濟的威脅。

因此，我們無法否認軍事費用與國富，的確有相當關係。美國龐大的軍事預算，當然也影響到美國人的經濟生活。

但是，二戰後如果沒有美國強大軍事力，世界會變得如何？當時影響半個地球的「解放人類世界革命」，要創造「人間天堂」的共產革命，可能會殃及全世界。

不論如何，蘇聯最後在美、蘇兩國慘烈的軍備競賽中不支倒地而告瓦解，是歷史事實，冷戰也因此而結束。

但是，好不容易才擊退了共產蘇聯，美國又得接受來自「流氓國家」的新挑戰。至今，美國還在為伊拉克問題而陷入困境。

擴軍也是一個大問題。冷戰結束後，縮減軍備是世界趨勢，但是以中國為首的「流氓國家」，卻朝擴軍之路狂奔。可以確定的是，美、中冷戰已經開打。

美國最新的軍事預算，佔了二〇〇六年世界

軍事預算的四八％。單一國家便佔世界幾乎一半
的軍事開銷。世界十大軍事大國的預算加起來，
也不過美國的一半而已。

　　但是，這只是預算而已。若就高科技兵器及
情報系統來看，世界上還沒有其他國家，可以在
這方面挑戰美國。

　　當然，美國也有弱點。譬如，在越戰吃盡苦
頭，現在也對來自中東伊斯蘭教聖戰的挑戰束手
無策。但是，這些都屬於地域性紛爭。由於這種
區域衝突牽扯到大國之間的利害關係，因此聯合
國也沒有作為。就全球性規模的抑制力來看，目
前還沒有國家可以凌駕美國。

　　美國在戰後半個世紀裡面左右世界，這個不
容質疑。我們應當給予「Pax Americana」更高的
評價。

美國真的討人厭嗎？

　　日本媒體的反美報導非常多，戰後日、美同

盟，日本在軍事防禦上仰賴美國，但是卻有許多日本人一聽到「反美」，便舉雙手贊成。甚至有許多知識份子以為「反美」就是「反戰」。連保守派也有這樣的情形。

綜觀世界，也可以說反美「暗潮洶湧」，不過卻也不是一大主流。我雖然住在日本，也有訂閱台灣的報紙；譬如台灣就幾乎沒有反美的話題。若非大事件，光「反美」，無法單獨成為新聞。現在有超過一百萬以上的台灣人住在美國。因此，台灣人不但了解美國，除非特別的政治因素，並不會反美。事實上，在台灣「嫌中」的人，比「反美」的人還多很多。

冷戰時代，「反美、嫌美」幾乎顛覆了世界。當中，還穿插謳歌共產主義、叫喊「自由」、「反戰」的時代，是「反美＝反戰」的時期。而這個潮流，隨著冷戰結束而結束。值得注意的是，蘇聯瓦解後，許多舊東歐國家也成為親美國家。

目前的反美情緒，則應放在「伊斯蘭教 vs. 基督教」的文明衝突脈絡中。現在伊斯蘭圈反美情

緒之強烈，和過去的共產主義圈不相上下。特別是一些被美國認為是「邪惡國家」的地方。

不只伊斯蘭圈，美國後院的拉丁美洲，也出現了許多反美的國家領導人。不只是古巴卡斯楚而已，最不可思議的是，原來與美國並肩的反共最前鋒南韓，也轉而反美親共。南韓的轉變對美國來說，很不是滋味。

中國人是表面上的反美，方勵之曾經說過一則這樣的軼事，駐在中國的美國領事，被中國外交部的高官叫去嚴重抗議。領事回到領事館後，便立刻接到中國外交部的電話。原來，剛才嚴重抗議的高官，因為家人想去美國，所以打電話來希望「關照一下」。

表面上，叫囂討厭美國、反美的中國人，每年卻有超過十萬人支付二到五萬美金，冒著生命危險偷渡到美國。這到底是怎麼一回事？

以民主、自由、人權為理想，利用強大的軍事力擊退列強的挑戰，並且建立「Pax Americana」世界新秩序的美國，真的那麼討人厭嗎？如果美

國討人厭，就得進一步問「為什麼」？

美國與其他文明的衝突

美國哈佛大學教授杭亭頓（S. P. Huntington），在一九九三年發表「文明的衝突」（Clash of Civilizations）。「文明的衝突」在二○○一年的「九一一事件」之後，便成為政學界爭議的焦點。

當然，也有許多人批評杭亭頓的理論，我也感到一些疑問。

杭亭頓教授曾經預言了「美國 vs. 伊斯蘭文明」、「美國 vs. 伊斯蘭和中華聯合文明」的衝突。但是，中華文明，有可能和伊斯蘭文明聯合嗎？

另外，我認為中華文明內部衝突的可能性，大於美、中之間的文明衝突。譬如中國國內便有「中華文明 vs. 伊斯蘭文明（新疆維吾爾自治區）」、「中華文明 vs. 西藏佛教文明（西藏自治區）」衝突的可能。就此來看，中國國內文明衝突的機

率，遠高於中美衝突的機率。

當然也有人認為，文明並沒有實體，沒有實體如何衝突？不如說，有實體的「國家」，才有可能發生衝突。

但是，我認為文明既可能「交流」，也可以「對話」，因此當然也可能會有「衝突」。若參照歷史，我們就會發現其顯而易見。譬如，歐洲中世紀的十字軍東征，與其說是國家與國家的戰爭，不如說是中世紀歐洲諸國「基督教文明 vs. 伊斯蘭文明」的衝突。結果，十字軍東征失敗，奧圖曼帝國征服了拜占庭帝國，連西班牙半島也被納入了伊斯蘭圈。伊期蘭教徒被逐出西班牙半島，是在收復失地運動到大航海時代的期間。

文明的中心是文化，文化的核心是宗教，宗教與宗教卻常不相容。特別是像一神教的基督教、伊斯蘭教以及猶太教，更是如此。因此，不要說文明，連宗派都會衝突。德國的「卅年戰爭」（一六一八～一六四八）是基督徒和天主教徒的衝突，也就是宗派之間的衝突。今天中東伊斯蘭教主

流派和基本教義派之間，也是宗派間的流血衝突。

不只一神教，多神教的佛教，從五代十國到南北朝時代，也是爭戰不休。

杭亭頓教授預言了美中的文明衝突，但是我認為美中間的文明衝突是不可能的。因為中國自己在十九世紀中葉時，早已經放棄中華文明，中華文明已經邁入衰亡，我稱之為「文明的自殺」。中華文明已經沒有和其他文明發生衝突的氣勢可言。

美中若衝突，絕非文明的衝突，而是類似從前美蘇之間的意識型態的對決，將是社會主義體制最後的掙扎。美中之間的文明衝突只不過是海市蜃樓。

美國民主黨政權可能帶來的改變

美國的共和黨和民主黨政權，雖然在大體上沒有太大的差別，卻也有若干的差異。

「大體上沒有差別」，是指美國的國家戰略，

就算有小修正，但不至於「大轉向」。就像中國從江澤民政權到胡錦濤政權，也不會突然出現戈巴契夫第二一樣。反而，胡錦濤還有走回毛澤東路線之虞。這是因為中國社會貧富差距太大，不得不打出「調和社會」的政策。

　　所謂共和黨和民主黨的「若干差別」，如同日本自民黨和民主黨的不同。共和黨（自民黨）是保守派，民主黨是進步派。對中政策來看，共和黨「親日」，民主黨「親中」。共和黨執政，較可能有過去雷根總統和中曾根康弘首相被稱為「Ron-Yasu」（譯注：「Ron」是雷根總統的「Ronald」的暱稱，「Yasu」是中曾根首相「康弘」的「弘」(Yasu)），以及布希總統和小泉首相般的信賴關係。就過去的例子來看，一旦美國誕生民主黨政權，日本便得有即將會發生相當變化的覺悟。

　　過去柯林頓（民主黨）總統的時代，日本就飽受「Japan Bashing」（修理日本）及「Japan Nothing」（日本不算什麼）之苦。因此，二〇〇八年美國總統大選，若是民主黨的希拉蕊或是歐巴

馬（兩位都是民主黨，希拉蕊是女性，歐巴馬是黑人）當選的話，美日的歷史認識問題，及通商摩擦問題，難保不會再燃。

不只日本，台灣也是如此。

柯林頓在任時，台灣也為柯林頓在上海突然發表「不支持台灣獨立、不支持兩個中國、一中一台及「台灣不應加入任何必須以國家名義才能加入的國際組織」的「三不」而苦。台灣好不容易才擺脫，是拜之後爆發白宮性醜聞，柯林頓聲望失墜所賜。但是這種僥倖，以後不可能被期待再度發生，機率也太低。

眾所周知，美國一旦政權輪替，白宮所有的工作人員也會進行大換血。可想而知的是，一旦政權輪替，白宮工作人員包括顧問、秘書長等，也會轉由親中派擔任。

但是，美國的世界戰略，卻也不可能發生戲劇性的變化。即使希拉蕊當選，民主黨也不可能就不「對抗恐怖份子」，非洲問題、東歐的民主化和強化與中南美關係等命題，仍然必須持續。美

國就是這樣的國家。

美國總統大選不到最後不見分曉

二〇〇六年的期中選舉，共和黨大敗，主要原因是因為伊拉克戰爭。自從「九一一事件」以來，美國企圖徹底打擊「流氓國家」，但伊拉克戰爭卻陷入泥沼，布希政權的支持率下跌，可以說是陷入困境。

執政黨在期中選舉會輸，也可以說是美國歷史的常態，共和黨在眾議院選舉輸了，還情有可原。但是參議院選舉，卻以一席之差敗給民主黨，卻非常可惜，其影響也很大。因為參眾兩院的議長都被民主黨掌握，也等於將議會運作權交給民主黨。不論內閣官員、最高法官、大使的任命、同意權，甚至到條約的批准，都被民主黨所主導。

另外值得關注的是，共和黨候選人全國性地聲望消褪。參眾議院選舉的敗退對共和黨來說，

是二○○八年總統大選前非常不祥的預兆，要挽回劣勢可說十分艱難。

但是，美國的總統大選，就是不到最後不見分曉。布希總統第二任選舉的二○○四年，中國傾全力支援民主黨的凱利，所有的中文報紙也都大肆報導分析「布希必敗」，但結果卻和預測完全相反。美國的總統大選，也可能發生在演講時說錯一句話，而聲勢一落千丈。不到最後關頭，不見分曉。

也許就是因為這樣，布希總統八年任內，才能不改其強勢的施政作風。

美國夢

「美國夢」就是美國「自由、民主、人權」的國家理念，對於美國原理主義者來說，這是絕對不能退讓的價值。

這是自大航海時代以來，歷經宗教革命、產業革命、市民革命而成熟的西洋價值體系。也是

資本主義、國民主義、合理主義及個人主義的融合。包含這些價值觀的西洋文明，作為近現代的主要思潮擴散到全世界，成為任何非西洋文明都無法抵抗的普世價值，也是當代的「時代巨流」。

法國大革命所主張的「自由、平等、博愛」，原來便充滿了矛盾。自由和平等無法共生，自由越發達，就越不可能實現平等。若以平等為實現的目標，那麼肯定自由會因此而受到制約，兩者有無法克服的對立矛盾。

自由與平等二選一，便是廿世紀資本主義及社會主義最大的對立。冷戰結束後的蘇聯、東歐各國解體，證明了平等不可能實現。全世界也明白，「人民」民主主義，說穿了只不過是假借「人民」的個人獨裁。

由此可以明白，目前世界上還沒有可以和美國「自由、民主、人權」相對抗的理念。

當然，不是沒有意圖挑戰美國的思想。譬如，新加坡的李光耀及馬來西亞的馬哈迪兩人，就曾主張過「亞洲的價值」。我的看法是，根本沒

有所謂「亞洲的價值」，「一個亞洲」也只不過是個幻想。亞洲有儒教價值、伊斯蘭價值，甚至也有印度教的價值，當然還有佛教價值。亞洲是十分多彩多姿而且多樣的，絕非一句「亞洲的價值」可以包涵概括的。

韓國的金泳三或台灣的李登輝等過去的國家領袖，都曾以「民主主義是人類共通的價值」來批評李光耀所謂「亞洲的價值」。當然，「亞洲價值」在日本也早已失去市場。因為民主主義價值是台、韓、日的社會主流，而這三個國家也是亞洲成熟的民主國家。

美國的全球主義，在世界各地遭到抵抗，特別是非西洋價值觀的文明，對「民主、自由、人權」十分感冒，這也是事實。被美國稱為「邪惡國家」的北韓及伊朗，更是頑強拒絕美國的價值。最近常常被指出的是，伊拉克問題之所以會失敗陷入泥沼化，是因為強加諸美國價值於他人。但是，我不認為這是個失敗。

中國也正在抵抗美國價值的入侵，不過頂多

也只是「抵抗」，或者「為了抵抗而抵抗」。其實，中國只是想強調一下中國的「特殊性」而已。實際上中國目前便主張「議會制民主主義和中國風土不合」，只有「人民民主專政」（無產階級專制）最適合中國，只差沒說「皇帝制度是人類共通的價值及夢想」！不論歐美如何批評中國「蹂躪人權」，中國總是重複「這是中國國內問題」，或「我國的生存權大於人權」這些老調而已。

過去卡特總統所主張的人權外交、民主主義制度世界性的擴散，已經成為不可動搖的事實。在這裡先不論「民主、自由、人權」是否為人類共通的夢想，但是對美國來說，不論美國的政權如何改變替換，起碼「民主、自由、人權」都是美國不會改變的共通價值。而且也將逐漸擴展成為普世價值，目前也還沒有其他的「價值」、世界思想，可以取代這個「美國夢」。

將東亞交給中國的危險性

　　最近流行的看法是，美國終將從亞洲撤退，並將亞洲交給中國。其根據是，美國在處理「邪惡國家」－伊拉克、北韓的時候受挫，而原為盟友的南韓，也轉為反美親北，日本看起來又不怎麼可靠。

　　更進一步來說，中國雖然醉心於擴軍，但是目前還沒有挑戰「Pax Americana」的實力，但是想要做區域霸權的野心則路人盡知。既然中國不可能「和平演變」，與其美中對決，不如就讓中國在亞洲當地頭蛇，還比較有利於美國國益，最近常常有這樣的論調出現。

　　美中之間最大的課題之一，就是台灣。美國的態度是，「中國若以和平的手段合併台灣，美國就不反對」。當然，美國也敦促中國必須尊重台灣人的意願，但不是絕對反對中國併吞台灣。換句話說，美國「不支持台灣獨立」。既然這樣，美國為什麼不乾脆直接說「反對台灣獨立」，好做個大人情給中國？

　　但是，美國就是不說「反對」台灣獨立，

「不支持」台灣獨立是美國的底線。但是「維持現狀」，才是美國的真心話。對中國來說，兩岸的「現狀」已經持續超過了半世紀。如果可以的話，當然想「統一」（併吞），好更上一層樓。但是如果來硬的，以武力改變現狀，美國不可能坐視不管，台灣畢竟是美中最後的對立點。

美國議會雖然視西藏為「被占領國家」，但是實際上還是不得不承認中國有效支配的事實。

中國在處理「西藏問題」上，也是老奸巨滑。自鄧小平時代，便對象徵反抗勢力的達賴喇嘛甜言蜜語，所謂「只要不獨立，什麼都好談。」其條件之優渥，的確降低了達賴喇嘛想要「西藏獨立」的分貝。接著，中國又強要達賴喇嘛宣佈「西藏是中國神聖不可分割的一部份」、「反對台灣獨立」的聲明。達賴喇嘛完全中了鄧小平請君入甕之計。達賴喇嘛逃亡後，中國在西藏立刻扶殖傀儡，現在只等達賴喇嘛兩腳一伸，西藏就自然而然地成為「中國神聖不可分割的領土」。

也許是因為美國正為伊斯蘭而苦，因此也沒

有批評中國政府鎮壓新疆維吾爾基本教義者的手段，反而視其為「反恐」的一環。

北韓也是美國自韓戰以來的煩惱之源，伊拉克目前又搞不定，因此美國說實在話，也不想多管北韓核問題。不管北韓成為中國的傀儡、或殖民地，也懶得理北韓下場究竟如何？反正南韓忘恩負義，美國大可撤軍朝鮮半島，退守關島，就美國來說，也沒有太大的損失。

日本雖然是美國的同盟國，不過兩國軍事力懸殊太大。難保，美國有一天會突然說：「不想老是一直照顧日本…」！

這樣看來，美國十分有可能，將包括朝鮮半島的東亞放給中國。這當然不意味著美國放棄「Pax Americana」，中國僅是和俄羅斯、印度並列「金磚」的一國，頂多在東亞稱王，並不會直接挑戰到美國的制霸。既然對美國沒有害處，何樂不為呢？

解讀美國的基本戰略

美國世界戰略的轉換，是在二○○一年的「九一一事件」之後。也就是所謂的「布希主義」的興起，布希的「反恐宣言」有四大要綱：

1. 惡就是惡，敵人就是敵人。美國將對敵人先發制人。

2. 恐怖份子並非個體的存在，而是組織。任何和恐佈份子有關的國家或組織都是美國的敵人。

3. 美國對付敵人絕不手軟。對擁有核武的敵人，美國也以核武回敬。

4. 美國視蓋達等中東恐怖份子為美國最大的敵人，美國維護中東石油及以色列的安全。

布希的反恐宣言，視中東恐怖份子為最大的敵人，但是中國及北韓並未列入其中。換句話說，美國視伊斯蘭激進派的威脅，遠大於社會主義體制末代國家。中國和北韓雖然免遭美國「處罰」的惡運，但是絕不代表「美國願意和社會主義體制和平共存」。

不如說，美國認為社會主義體制，「再搗蛋也只是亡國亡黨前的迴光返照」。我認為，美國置

中國及北韓於「布希主義」之外，意味著美國有自信可以讓這兩國「安樂死」。

這幾年，美國戰略和過去有了很大的改變。

根據軍事專家平松茂雄的分析，美國將從亞洲撤退。美軍重編的重點是「應付從中東到朝鮮半島之間的伊斯蘭激進派、核擴散、及中國的抬頭；重新構築檢視美國本土安全保障的體制；美國了解『中國威脅』正逐漸抬頭，但不認為『中國威脅』將帶給美國致命的打擊。」（《諸君》二〇〇七年一月）

既然中國不會造成美國致命的打擊，而且又有可能自然消滅，那麼在社會主義體制消滅之前，以「反恐」為共通目標，將東亞暫時交給這個「伙伴」，大概是美國目前正在打的算盤？

日本可能擁有核武嗎？

一面將東亞交給中國，一面又有美日同盟。在這樣的構圖底下，該如何思考東亞的美日中關

係呢？

　　譬如，民主黨代表（黨魁）小澤一郎便主張，「日美中三角形論」。這個理論是說，日美中為正三角形的關係，做為其一頂點的日本，應作「扇之軸」。前首相安倍晉三曾經反論，「正三角形的比喻是不對的。日美是同盟，但是日中並沒有同盟。日本外交的基本是日美同盟。」

　　我的看法也和安倍前首相一樣，不管怎麼說，日美同盟才是「主」。以日美同盟為軸，處理「以日本為假想敵、意圖挑撥美日」的中國，如何在這樣的情形下維持良好的日美同盟，這才是日本的外交的重點。日美關係之所以重要，自不在話下，在思考這個問題時，我們有必要將日本是否擁有核子武器列入考量。

　　但是，最忌諱核武擴散的美國，是否會容忍日本擁有核武？這又是另一個問題。實際上，這個議論已經被討論多時。也有人認為，美國不反對日本擁有核武。也有「日本應該有核武比較好」，或者「美國同盟國的法國、英國也有核武，

因此如果日本擁有核武，美國反而可以放心」的看法。簡單地說，也就是美國並不反對日本擁有核武。但是也有人認為，「由於美國曾經在日本投下二顆原子彈，因此並不希望日本擁有核武。」

就美中關係而言，即使美國視中國為反恐的戰略伙伴，並不表示美中兩國就可以盡釋前嫌相親相愛。因為美國和中國最大的對立點在於中國的「人權」及「民主化」。這點也是兩國不可退讓的底線。美國的理想是，全世界都能享有人權及民主，當然也包括中國。可是中國目前已進入了社會崩潰前的最終一搏，一方面囿於「中華意識作祟」，無法容忍站在自己頭上的美國一國獨霸。這也是中國不停朝擴軍發展的原因。不過，美國也不可能一直放任中國漫無止盡的擴軍。

在這樣的情況之下，「在中國自然消滅之前將東亞交給中國，還必須維持日本及東亞地區的安定」。試想，美國還需要什麼？

答案其實非常明白，那便是「強勢日本」。只要亞洲有「日本強」，那麼就可以和「中國強」對

抗，兩強對峙不但可以制衡，還可以避免中國的
獨霸，其結果可以帶來亞洲安定。

俄、印、澳與日本

俄羅斯的復活

前蘇聯在一九八〇年代，出現了戈巴契夫及葉爾欽，開始所謂的「重建改革」運動，也是蘇聯的民主化之路。蘇聯的選擇，直接影響到之後蘇聯及東歐各國共產主義政權的垮台瓦解，以及緊接而來冷戰的結束，是廿世紀一大事。

蘇聯瓦解後，俄羅斯陷入混亂，貧困、貪污、腐敗蔓延。過去在世界與美國並立二強的俄羅斯，其國民生產毛額，只剩下對手美國的三十分之一而已，和比利時差不多。

這時，如彗星般橫空出世的是普丁（Vladimir Putin）。的確，普丁有獨裁者之議，而他的執政爭議不斷，也是事實。

事實上，自普丁政權開始以來，以批評普丁

政權知名的Novaya Gazeta（新新聞）報記者Anna Stepanovna Politkovskaya、及同報社副總編輯Yuri Petrovich Shchekochikhin，都相繼死於非命，死因是「中毒」。根據俄羅斯媒體研究團體統計，自一九九九年到二○○六年為止，便有一百二十八名記者失蹤或死亡。也有僥倖逃過一劫的，如烏克蘭總統尤伸科（Viktor Andriyovych Yushchenko）。尤申科在選戰中突然戴奧辛中毒，本來前蘇聯時代便有以毒暗殺的研究，毒殺政敵，其實也是俄羅斯傳統的看家本領。

亡命英國，並且出了二本批評普丁的書的前蘇聯國家安全委員會（KGB）上校、俄羅斯聯邦安全局（FSB）中校的利特維年科（Alexander Valterovich Litvinenko），在二○○六年十一月，因為放射性毒物中毒死亡，是世界注目的焦點。許多報導指出，蘇聯當局涉及這項謀殺案，但是也因為沒有明確的證據，而不了了之。

雖然有黑暗的一面，但是就俄羅斯帝國不曾有過民主主義的歷史來看，俄羅斯的民主化已經

上了軌道。不但有民意機構，也如實地運作。和那個如果沒有一人獨裁，同時領導黨政軍，國家內政就無法穩定運作的中國，是不一樣的。

當然，目前的俄羅斯既非共產國家、也不是民主或法治國家。民主國家的熟成，需要很長的歷史。如果民主主義需要以五十年、一百年的歲月慢慢地轉化的話，俄羅斯充其量仍是民主主義的開發中國家而已。

就經濟面來看，在蘇聯解體後，經濟曾經一度嚴重衰退，近幾年則維持每年六％的成長。無可否認的是，以豐富的資源為後盾的「強盛俄羅斯」，正在復活中。就這一面的意義來說，雖然有自前蘇聯以來就有、暗殺政敵的「黑幕」傳聞，普丁仍可以稱得上是救國英雄。

俄羅斯的總統大選，也恰好在二〇〇八年。憲法規定只能連選連任一次，而普丁也已經表明不再出馬。目前將由伊瓦諾夫（Sergei Borisovich Ivanov）和梅德韋傑夫（Dmitrii Anatolievich Medvedev）二位第一副總理，競爭下一任總統。

另外，還有被視爲「黑馬」的納雷斯金（Sergey Yevgenyevich Naryshkin）。三人和普丁同樣出生於聖彼得堡，並畢業於列寧格勒大學，過去也曾在一樣的單位工作，是同事也是盟友。

梅德韋傑夫是「市場經濟派」，伊瓦諾夫則是「鷹派」的代表，所以這一任總統大選，也可以說是市場經濟派 vs. 鷹派之爭。根據二〇〇七年二月所做的調查，梅德韋傑夫獲得一九％的支持率，稍微領先伊瓦諾夫的一六％。不論哪邊獲勝，都不會對目前的普丁路線產生太大的改變。或者不如說，不論哪邊獲勝，都會是普丁的傀儡政權。普丁及其親信，目前看來都還不會退出政治第一線。如果要促成普丁的第三次參選，當然也可以想辦法修憲，不過普丁已經聲明不再參選。

不論如何，「強盛的俄羅斯」正在復活。事實上，普丁在二〇〇七年二月十日於慕尼黑的演講中，便強烈指責美國的獨霸。早在慕尼黑演講之前，便已經有許多專家指出，俄羅斯以石油資源爲後盾，意圖和美國對抗。普丁的演說後掀起

了「新冷戰」之說。

俄羅斯強勢的資源戰略

　　日本和中國一樣，缺乏天然資源。俄羅斯則樂見日、中兩國，互相競奪西伯利亞天然瓦斯開採權，好收漁翁之利。不只對日中，普丁對歐盟也採取這樣的能源戰略。事實上，歐盟越來越依賴俄羅斯的天然資源，特別是德國。由於德國前首相施洛德（Schroder）內閣晚期與綠黨聯盟的時代，通過限制、並以廢止為目標的核能發電法律，從核能切換到天然氣，是德國的國家政策。建設從西伯利亞經過波羅的海海底的天然管線等，使德國越來越依靠俄羅斯的天然資源。

　　負責俄羅斯資源戰略中心的，是俄羅斯天然氣工業股份公司（Gazprom，簡稱「俄氣」）。俄氣的年營業額佔俄羅斯國民生產毛額的八％，納稅額高達俄羅斯歲入的廿五％。二〇〇六年六月，俄氣的股價超越微軟及西方石油，成為世界三大

企業之一。其市價總值高達二十八兆日圓，員工三十九萬人，光其相關子公司，便有六十一間，且數字每月都在增加中。畢竟俄氣擁有的瓦斯及石油埋藏量，是排名第二的美國艾克索美孚石油公司（(Exxon Mobil Corp.)）的五倍。二○○五年夏天，俄羅斯政府所擁有的俄氣股票超過五一％，成為最大的股東，同時俄氣也成為股市上市的最大國營企業。

俄氣對歐盟的能源支配，也日益強化。只要歐盟的能源政策不變，可以預見將過度依賴俄羅斯的天然資源政策，將成為歐盟致命的把柄。或者可以說，幾乎成為既定的事實。

對俄氣來說，即使歐盟認為「不需要俄氣的天然資源」，但是還有面對已經資源枯竭、幾乎什麼都要進口的中國等著排隊要買。因此，普丁的姿態非常地高。

也有觀察家指出，普丁在二○○八年任期結束之後，將會接任俄氣的董事長。如此一來，俄羅斯國政的實權、甚至空前的絕後的金力及財

力，便會轉移到足以左右世界局勢的俄氣董事長手中。

中國不但在高科技兵器上依賴俄羅斯，在天然資源更是如是。因此，中國對俄羅斯可以說是必恭必敬，致力與俄羅斯建立良好的唇齒關係。最近，兩國在「反美－抗美」上站在同一陣線，在聯合國安理會中，並肩一起反對美國所提出的伊朗制裁案，以及美國在舊東歐部署飛彈防衛系統。話說回來，俄、中也不是什麼換帖的金蘭之交，俄羅斯對近年來中國的膨脹懷有警戒，視其為「潛在的威脅」。對俄羅斯來說，賣家不只中國，還有其他很多選擇。與中國維持不即不離的關係，再以豐富的天然資源為武器，在俄中關係中佔有主導權，才是俄羅斯最划算的算盤。

事實上，俄羅斯的資源戰略非常現實而且勢利。從俄羅斯對前蘇聯各國的瓦斯價格調漲，便可略知一二。

譬如，二○○六年十二月，俄氣通告鄰國的白俄羅斯共和國，「如果再不達成漲價的協議，

二〇〇七年一月一日起停止供應瓦斯」。俄氣價格調昇方案的內容則是，從前蘇聯圈最便宜的每千立方公尺四十六‧六八美金一舉調至二百美金，這一漲足足調升四倍。

有關價格調漲及停止供應的問題，俄羅斯敢說敢做。事實上，俄羅斯便曾經停止供應烏克蘭天然瓦斯，也因為停止供應白俄石油，造成經由白俄的歐盟管線中斷，連歐盟都遭受連帶影響的事情，竟也發生了。

總之，俄羅斯近年來以「國際價格」為藉口，調整對前蘇聯各加盟共和國的瓦斯價格。但實際上，越親歐美的國家，其調漲的幅度也越大。歐美各國也指責俄羅斯「根據買家的外交關係調整價格或停止供應，是將資源當做武器」。不過俄羅斯堅稱，這是「依市場原理決定價格」。但是否如此，事實可以作證。

非洲成為美中的爭奪地

　　自大航海時代以來，歐洲各國在五百年間，將非洲殖民地化，到了十九世紀末，非洲被瓜分殆盡。如南美是美國的後院一樣，非洲變成歐洲的後院。二次大戰之後，歐洲在非洲的殖民地相繼獨立。目前，非洲有超過五十個以上的獨立國家，但是舊宗主歐洲各國在非洲的勢力，並非完全消失。

　　戰後的非洲，有以下二點值得我們注意：

　1. 冷戰時代，標榜「世界革命」、「解放人類」的前蘇聯及中國勢力，已經進入非洲

　2. 美國也在歐洲撤退非洲勢力的空窗期間，進出非洲。

　　以上這兩點，其結果是讓非洲也被捲入東西冷戰，不同的是，兩方在非洲打的是熾烈「熱戰」，而非「冷戰」。更進一步來看，在獨立及種族的紛爭中，伊斯蘭勢力也逐漸抬頭。

　　自共產黨執政之後，中國便以支援非洲及東亞的國際共產革命為國策。對非洲，除了幫忙建

設鐵路、經濟援助之外，還有軍事援助。文化大革命期間，中國也積極勸誘非洲青年到中國留學。文革後，又有來自日本的「政府開發援助（ODA）」。中國便以部份來自日本的金援，轉手金援非洲，以強化中非關係。

在全世界大力搜刮資源的中國，最近更是積極進出非洲。從二〇〇一年到二〇〇四年間，中國便投注了二百億美金援助非洲，並且和非洲各國簽訂各種開發計劃，還有以武器或生產過剩的產品，與非洲交換資源。至於援助的方法，則包括派遣鐵路建設隊等，還有以萬人為單位的醫療隊及軍隊。對如安哥拉、奈及利亞或蘇丹等產油國家，更提供「買武器送軍隊」的方式，介入其國內的種族戰爭，甚至提供替獨裁政權鎮壓、屠殺國民的「服務」。中國被稱為繼歐洲之後的「新殖民主義」。

利用這種方法進出非洲的不只中國，台灣為了要對抗中國並和非洲新興的獨立國維持官式外交關係，也派遣「農耕隊」到非洲「農業指導」。

中、台雙方以非洲為舞台的金錢外交，聞名全世界。

值得注意的是，冷戰結束後，前蘇聯的對非洲的影響力已經消褪，讓黑暗大陸成為美、中二國的爭奪地。中國向被聯合國決議制裁的蘇丹靠攏示好，也和被美國制裁的利比亞簽訂開發協定。中國利用美國影響力的空白區進出非洲。對於力圖建立「Pax Americana」的美國來說，當然不可能坐視不管。於是，美國也積極地投入非洲的資源開發，提供資金、人材、技術及民間投資。還有，俄羅斯與反美的中南美能源輸出國的關係強化，也促使美國加強重視與非洲親美國家之間的關係。譬如，強化與奈及利亞、阿爾及利亞，查德等國的友好關係，以及開發奈及利亞－貝南－多哥－迦納之間的瓦斯天然管線，開採幾內亞灣的海底油田。

隨著經濟、軍事的在非洲進出，及繼二〇〇六年四月胡錦濤國家主席，溫家寶總理又在六月訪問非洲。以現狀來看，中國比美國更熱衷於對

非洲下苦功。二〇〇六年十一月，非洲四十八國元首在中國北京，召開非洲高峰會議。據說，北京已經快要成為「非洲的麥加」。

歐盟的未來走向

以統合歐洲為目標的羅馬條約始於一九五七年，從歐洲經濟共同體（EEC）到歐盟（歐盟），至二〇〇七年三月，已經過了半個世紀。從最初只有法、德、義、比利時、荷蘭、盧森堡等六國加盟，到現在增加到二十七國（人口總數四億九千萬人、國民生產毛額達一千七百兆億）。面積及國民生產毛額雖然不及美國，但是人口總數則在美國之上。

美國全國總人口還不到三億，將來如果俄羅也加入歐盟的話，那麼歐盟人口數將會是美國的二倍。將來歐盟有十分可能成為和美國對抗的對手。

在「Pax Americana」的時代，能和美國對抗

的，既非金磚四國的巴西、印度、俄羅斯、中國，也不是日本，歐盟還是最有實力。歐盟不但是近代西洋文明的發祥地，是美國建國理念「民主、自由、人權」的源頭，也是環保等問題等國際先驅。

不過，並非「數大就是美」。隨著歐盟的膨脹巨大化，也會產生新的問題。

就單一貨幣問題來說，流通英磅的英國，就非常地消極。還有伊斯蘭教國家土耳其的加盟，勢必會影響到基督教國家共有的共通價值。俄羅斯雖然也曾希望加盟歐盟，但是放棄之後卻反而力阻前蘇聯加盟共和國烏克蘭的加入歐盟。

能源問題是烏克蘭致命的弱點，穩定的能源供給，則是歐盟自成立以來就面對的困擾。特別是隨著資源國家主義的高漲，及資源爭奪戰的激烈化，以供給歐盟天然瓦斯及石油為外交牌的俄羅斯，又企圖以此擴展勢力。於是北大西洋公約組織（NATO）目前正有「視停止供給歐盟能源為對北約的攻擊」。還有北約不只保障集團的安全，

也將發揮能源機構的功能，以確保能源的安定。當輸送管線發生事故，或遭到恐怖攻擊，以致能源供給發生短缺時的緊急處理、加盟國蓄備能源的共有、互通、輸送網的安全對策等，都在其計劃中。

以「安定」與「擴大」為目標的歐盟，預定在二○○九年制定「歐盟憲法」。為了強化政治、經濟等領域的互助合作，還計劃設置歐盟共通的總統及外交部長，好讓溝通更有效率。

有關歐盟遠景的「柏林宣言」，於二○○七年三月歐盟加盟國的非正式高峰會議中通過，其內容為：強化單一貨幣及共同市場；重視文化、語言的多樣性；兼顧經濟成長與社會責任，強化國際競爭力；共同對付恐怖犯罪及組織；共同商討環境問題；繼續政治革新，並在二○○九年制定新的基本原則。

本來，各國對於宣言的內容已經各持己見，光要寫成文書，便花費許多功夫。譬如，對導入單一貨幣仍在觀望的英國來說，便對宣言中「單

一貨幣」的字眼態度消極。相反地，盧森堡首相兼財務大臣容克（Jean-Claude Juncker）則主張，「單一貨幣是歐盟成功的範例」。有關歐盟擴大，土耳其加盟的問題，波蘭總統卡欽斯基（Jarostaw Kaczynski）也要求，「應提及基督教價值」，但基於政教分離的觀點，並未獲得絕大多數的支持。

但是，隨著歐洲的統合，以歐盟決定重要政治課題的次數也越來越多，各國政府的權限也相對逐漸縮小。事實上，加盟國約有六～七％的法律制定、及改正，是為了配合歐盟法。歐盟所決定的政策及法律，對加盟國有決定性的影響。因此，不少國家對於是否有必要繼續深化加盟國之間的關係感到懷疑。

法國、荷蘭便拒絕批准歐盟憲法，德國、英國、義大利等十國國民中，贊成歐盟擴大的也只有三〇～四〇％，不到一半。二〇〇四年加盟的中歐、東歐、波羅的海三國的情形也差不多。七〇％以上國民支持歐盟擴大的，只有波蘭及斯洛伐克二國而已。就算是想加盟的土耳其，其支持

加盟的國民也只有五○％。

日、中、澳的三角關係

　　澳洲與紐西蘭的人口加起來，與台灣差不多。但是國土卻佔全地球的五‧七％，是僅次於七‧一％的美、中等大國。澳洲不但是資源大國，也是先進國。其在國際的地位，遠高於亞洲其他各國。

　　澳洲曾經是英國的殖民地，有很長的時間實施白澳政策，嚴格限制包括日本人在內的亞洲移民。一九七三年英國加盟歐盟以來，澳洲便開始重視與歐洲各國的關係，對英國一面倒的政策，也有了改變。

　　一九七三年，澳洲修正「移民法」和「澳洲市民憲法」，一九七五年制定「人種差別禁止法」，宣告白澳主義死亡。澳洲從此開始了一面與歐美保持距離，一面接近亞洲的政策。

　　在一九五七年，歐洲還有對日貿易不平等限

制時，澳洲領先歐洲各國，與日本制定通商協定，一九七七年則締結「日澳友好合作基本條約」（Basic Treaty of Friendship and Co-operation between Australia and Japan, and Protocol），並與日本維持良好的關係。

澳洲的國土約爲日本的廿倍，農業用地面積則是日本的八十九倍。由於人口少，所以平均每位農民所有農耕地是日本的二千倍。對糧食輸入國的日本來說，澳洲可以說是日本的其中一條「生命線」。

二○○七年三月十三日，日本前首相安倍晉三簽署有關日澳安全保障協力的「日澳安全合作宣言」（Japan-Australia Joint Declaration on Security Cooperation）。這是戰後，日本首次和除了美國之外的其他國家，簽訂同盟關係。宣言中指出，擁有共同價值的日、美、澳，將關注對抗恐怖份子的對策，以及大規模毀滅性武器的擴散問題，以及將協助日本加入聯合國安理會常任理事，並致力聯合國改革等合作上。

　　全保障協力範圍，包括跨國的毒品取締、偷渡、販賣人口、偽鈔及黑市軍火交易、國境安全、恐怖份子對策、軍備減縮、大規模毀滅性武器、和平活動、戰略情報的交換、海上及空中的安保、包括人道支援的災害救援活動、傳染病流行時的緊急對策計劃。以及兩國自衛隊、國防軍的交流及共同訓練。

　　日美之間有日美安保條約、美澳之間也有包括紐西蘭的安全保障條約（太平洋安全保障條約）。再加上日澳共同宣言的話，便形成太平洋地區安全保障的新三角關係。

　　澳洲的重視亞洲外交政策，以加強澳、中關係，保持日、中、澳三角關係，推展農業及能源戰略為主。

　　中國也對澳洲熱烈回應。亡命澳洲的中國大使館員作證，澳洲內陸的中國間諜高達一千人。中國不但向澳洲購買大量的能源，還簽訂購買鈾的契約。由於中國需要大量能源，因此不得不依靠核能發電，但是核子燃料的買賣對週邊各國卻

是極大的威脅。

如上所述，澳洲和日本有共通的價值觀，在亞洲共同體中也和日本聯手，因此也有人認為澳洲和中國簽訂經濟合作協定（EPA），是否操之過急？

澳洲在二〇〇七年後半舉行大選，霍華德（J.W. Howard）領導的保守派自由黨，輸給親中的陸克文（Kevin Rudd）所率領的工黨，目前日、澳關係可能有一八〇度的大轉變。左派工黨贏得政權，除了十一年以來首見的政權輪替，中、澳關係也會更加密切，反過來說，好不容易才締結的日澳安保關係，將會有微妙的變化。

拉丁美洲的反美風潮何時了？

本來，南北的美洲大陸只有社會主義的古巴反美。但是最近，卻有了很大的改變。

蘇聯及東歐解體之後，拉丁美洲的風土仍有「社會主義」的遺餘。因為「貧窮」，「革命的民主

主義」成為一大潮流，風靡了拉丁美洲的國民。

　　譬如，二〇〇六年九月，布希總統在聯合國的演說中，幾度稱委內瑞拉總統查維茲為「惡魔」。結果，讓查維茲總統的反美秀越演越烈，最後以「廿一世紀型社會主義」為口號，獲得國內貧困階層的絕大支持，最後三連任成功。

　　二〇〇五年十一月，從宏都拉斯總統大選以來，拉丁美洲總共有十二國舉行總統大選。當中，玻利維亞、尼加拉瓜、厄瓜多、委內瑞拉等國，都是反美的候選人當選。連智利、巴西，也都是中間偏左的反美左翼政權。要在美國的後院反美，單靠一個國家力量有限，必須要有支持這種「反美左傾」潮流的勢力，幕後支持力，便是來自被稱為「流氓國家」的中國及伊朗。

　　有關拉丁美洲急速地左傾化，就數字來看，全拉丁美洲三億六千五百萬的總人口中，左翼政權下便有三億人口，幾乎和美國總人口相去不遠。

　　幫助拉丁美洲向左轉的，是中國。二〇〇一年到二〇〇六年為止，拉丁美洲的對中輸出貿易

額，增加了五〇〇％。目前，中國已經取代歐洲，成為拉丁美洲的第二大貿易國。中國合法與非合法的移民，也以每年數十萬之譜的數量，流向拉丁美洲。

二〇〇四年末，我在秘魯的首都利馬聽說，光光在利馬賣中華料理的路邊攤，大概就有二萬攤，而且大部份是連自己名字都不會寫的福州人。他們潛入正景氣的利馬，以等待更好的機會。

面對這樣的局面，美國總統布希自二〇〇七年三月起，訪問包括巴西、哥倫比亞、瓜地馬拉、墨西哥等國家，以強化能源開發、貧困對策的共同合作。古巴卡斯楚病倒，古巴進入了「後卡斯楚」時期，更是備受矚目中，美國也急於想要改善和拉丁美洲的關係。布希總統的周遊中南美各國，便是其中的一步棋。

美國即將攻擊伊朗？

「Pax Americana」主義的確立，是在美蘇的冷

戰結束之後。中國稱美國的一極支配為「獨霸」。

　　事實上，冷戰結束後，美國最大的敵人蘇聯，已經消滅。對當時的美國來說，僅次於蘇聯軍事力威脅的，就是日本及德國的經濟力。其後，日本泡沫經濟崩壞、德國也因為東西統一而經濟低迷。換句話說，地球上已經沒有國家可以對美國造成威脅。

　　本來，美國這時應該開始縮減軍備。因為，美國原來的戰略、兵力、武器體系等的建立，都為了與蘇聯對抗。蘇聯崩潰，確立了美國不動如山的地位。「Pax Americana」也有維持地球規模安全保障、世界新秩序的責任。強迫獨裁政權，或是擁有、研發大規模毀滅武器的國家改變體制，當然這也和美國「民主、自由、人權」的建國理念一致。事實上，除去世界威脅的任務，目前也只有美國能擔當得起。

　　就在這個後冷戰的關鍵時刻，二〇〇一年發生了「九一一事件」。之後，美國的國際戰略有了一八〇度的大轉換。布希總統向恐怖份子宣戰，

並且得傾全力於對付國內、外的恐怖份子。

當然，沒有任何國家敢公開承認「支持恐怖活動」。不論表面因素如何，即使是中國，也得協助美國對抗恐佈主義。

九一一之後，美國攻擊阿富汗。雖然還沒到消滅蓋達組織的地步，但至少已經讓蓋達失去了在阿富汗的基地，轉而潛入了地下。

接著，美國又攻擊伊拉克，並且以一個月的時間讓海珊政權垮台。但是，伊拉克的情勢，至今仍十分紊亂。伊拉克戰爭變成「泥沼化」，成為美國世界戰略的包伏。美國認為，伊朗在背後暗暗支持升高伊拉克境內恐怖活動的混亂。

只要有確切證據，譬如證實伊朗開發核子武器，或者伊朗參與攻擊駐伊拉克美軍基地等，美國應當會毫不猶豫地攻擊伊朗。美國轟炸伊朗的理由，將不會只因為「伊朗開發核武」而已。

那麼，美國國民認為「哪裡國家是世界的威脅？」根據二○○六年二月PEW民調中心的全球態度調查計畫（PGAP）的報告顯示，回答「伊朗」

的有二七％，中國二〇％、伊拉克及北韓則為一七％。這也就是說，美國國民視伊朗為最大的威脅。

不論如何，這又令人再度想到，「昨天的朋友是今天的敵人」這句話。

過去伊朗的巴勒維王朝時代，美國和伊朗的感情，可以說是「濃情蜜意」。除了鄰國加拿大，留學美國的外國學生以伊朗、印度和台灣為最多。

過去的泛美航空（Pan Am），有非常便宜的航空票。環遊世界一周，僅要九百九十八美金。美國的大學宿舍一到暑假，便以一晚二塊美金的價格，開放給外校人士，倫敦市中心車站前的民宿，一晚也才六英鎊。一九七〇年代，我利用這樣的票價及民宿，從土耳其的伊期坦堡經過伊朗首都德黑蘭時，當好目擊了伊朗的「白色革命」（Enghelab-e-Sephid）。

從「白色革命」開始驟然轉變，親美的伊朗，一舉變成美國最大的威脅。現在的伊朗總統

內賈德（Mahmoud Ahmadinejad）只要一有機會，不論是在上海合作組織（SCO）的高峰會上，或是到中南美訪問時，都不忘加強火力批評美國，一付要和美國對決的姿態。

美國現在正被伊拉克、北韓問題搞得焦頭爛額，實在沒有太多功夫可以修理伊朗。更何況，二○○八年還有總統大選。布希的任期只剩不到一年，大選活動開始後任何的軍事動作，都將會不利於執政的共和黨。

利比亞的格達費，最近比較安份。不僅對美國比較順從，也和台灣有外交上的互動，正要轉型為「普通的國家」。因此，只要修理一下最大的敵人伊朗，敘利亞的反美姿態也會跟著改變。那麼，伊拉克問題的解決，可能也會跟著明朗化。

事實上，伊朗毫不客氣地介入中東問題，以色列也快要忍無可忍，甚至想要獨自進行軍事行動。

由於何梅尼革命，使得伊朗有伊斯蘭教什葉派的印象。實際上，伊朗是中東各國中最親歐美

的國家，和土耳其幾乎不分上下。

冷戰結束後，美國的中東政策，基本上是要「變更體制」。政教合一的伊斯蘭國家體制並非堅若磐石。不如說，伊朗國內的改革派，對美國可能的低度衝突規模攻擊，甚至有所期待。

因此，在新舊任總統交接之前，布希總統對自己的理念、信念能貫徹到什麼地步？布希之後的美國中東新戰略將有什麼變化，將成為焦點。

巨象印度的崛起

除了佛教信徒以外，大部份的台灣人，對印度不怎麼關心，日本也是這樣。雖然「天竺」和「支那」，同為日本文化的二大源流，但是對兩者的關心卻是天壤之別。為什麼？還是只因為一衣帶水的中國，和遙遠的印度的距離遠近不同？

對印度的不關心，不只有地緣上的理由，也是因為印度是「親日國」。中國、北韓、南韓都是反日國家，結果反而提高了日本人對這些反日國

家的關心度。特別是北韓，幾乎每天都上日本電視，每天都有媒體分析報導。反觀鄰近的另一個親日國台灣，在日本媒體的報導率卻絲毫不醒目，也無法成爲話題，甚至無法引起日本人的關心，親日的印度和台灣，有一樣的待遇。

直到最近，日本終於在經濟領域開始關注印度的發展，書店越來越常見到和印度有關的書籍，連熱門電視單元劇，也都以印度爲故事背景了。

中國自一九九〇年代以來的經濟躍進，讓世界刮目相看。於是，「中國是世界的工廠」、「日本市場會被中國吸收」等論調，及「二〇二〇年，中國會超越美國」等論調，都開始充斥各媒體。最近也出現了印度「再過幾年就可以超越中國」、「二〇五〇年印度會超越美國」的預測。

這種預測的推算，是基於對印度經濟成長的評價。也有人推測，印度將會在「三、五年內」超越中國。事實上，印度要在十年、二十年內追過中國，並不是完全不可能。或者說，如果再加

上國家條件等考量，印度十分有可能可以超越中
國。

中國人口十三億，印度則是十一億。由於中
國推行「一胎化政策」，因此人口成長不但已漸
緩，而且開始快速老化。印度可能取而代之，成
為有最多年輕勞動力的國家。再加上中國是獨裁
專制國家，有許多政治問題；相反地，印度是民
主主義國家，已經沒有政治民主化的問題。

這二大人口大國，都有能源不足的問題，但
若就經濟的質量與基礎，及資源面來看的話，印
度較中國具有優勢。印度很有可能在廿一世紀後
半，成為世界數一數二的經濟大國。

先不論將來如何，就最近的潮流來看，冷戰
中與中國對立的蘇聯，就曾試圖以接近印度來牽
制中國。冷戰結束後，印度向美國靠攏。結果，
美國一方面反對北韓開發核武，另一方面卻又默
認印度擁有核武。二〇〇六年三月，美國和印度
同意在核能資源上合作，當年十二月，布希總統
就簽署了「美印和平原能合作法」（United States-

India Peaceful Atomic Energy Cooperation Act）。

　　由於美國的「原子能法」（Atomic Energy Act）禁止「禁止核擴散條約」（NPT簽約國與非NPT簽約國的核能合作。但是，「美印和平原能合作法」中，視印度為例外，並且以接受國際原子能總署的審查為條件，使對印的核燃料的供給、技術轉移變成可能。但是，為了要實現這個合作關係，其原則是核供應國集團（NSG）加盟的四十五國與會一致同意。因此，包括日本在內的各國反應，備受矚目。

　　不論如何，有關印度和中國將有「大躍進」的說法，都僅是預測。最近，印度政府為了創設經濟特區及簽定自由貿易協定，害怕失去土地及工作的農民及產業界齊聲反對，由於地方選舉又近在眼前，政府不得不凍結一部份的政策。

　　最近也有人認為，以加工輸出製品生產見長的VISTA（越南、印尼、南非、泰國、阿根廷），比金磚四國BRICs更優勢。

　　今後，世界的經濟構造也將繼續變化。

中、印、俄的新三國演義

目前，俄羅斯景氣一片大好。為了和美國對抗，除了一面增強軍力，以武器及能源為餌，來增強與中國及印度的三角關係。反過來說，俄羅斯對日、美、歐並未採取敵對戰略。俄羅斯的目標，是強盛俄羅斯的復活。

中、印、俄三國越走越近，照這樣下去，三國會同盟嗎？

我不這樣認為。

因為，這三國絕對不可能相親相愛哥倆好，為什麼會這樣？

其一，文明不同。印度有印度教文明，俄羅斯有東正教文明，中國有中華文明。從歷史來看，這三個文明互為惡鄰，有文明衝突的可能，不能期待其「善鄰友好」。

其二，這三國皆為多文明國家；三國有可能

互相衝突，三國國內的文明也有可能互相衝突。

杭亭頓預測了「美國 vs. 伊斯蘭」，或「美國 vs. 伊斯蘭＋中國」的衝突。前文已經提過，我認為後者發生的機率接近○。如果以十年、廿年、卅年來思考的話，中國、俄羅斯、印度極有可能發生衝突。

因為，目前這三國並列為高度成長國家，雖然中國政府發表的數字非常可疑，不過根據其發表，經濟成長約為九％～一○％，印度和俄羅斯大概也都有六％～七％。不論如何，以地球整體來看，三國皆是極高成長的國家。但是若要三國同盟，三國則各有其無法超越的壁障。

中國是「人民專制」，但是印度和俄羅斯正向民主國家或議會制民主主義國家發展。就這點來看，民主國家要和獨裁國家同盟的可能性，實在非常地低。

另一個問題，則是「資源」。中國已經是資源枯竭的國家，在世界各地持續蒐奪資源，印度雖然不比中國悽慘，但也是資源瀕臨枯竭的國家。

二國為了要繼續發展經濟，無論如何都需要資源。二國終究會因為搶奪有限資源，而陷入對立狀態。另一方面，俄羅斯卻是個資源豐富的國家，以其資源為後盾，正要崛起的「強盛俄羅斯」來說，中、印對立是再好也不過的事情了。

從這個觀點來看，中、印、俄三國同盟的可能性，就非常之低了。三國各有其考量，也有其之所以成為大國的條件。那麼「三國同盟」，不如「三國鼎立」，廿一世紀「新三國演義」，正要熱烈上演。

誰來挑戰美國的獨霸？

繼日不落帝國之後，「Pax Americana」主義的確立，是在二次大戰之後。接著，美國又在長達半世紀的東西冷戰中獲勝，確立了「單極支配」的世界新秩序。

雖然在中東政策上，遭到伊斯蘭勢力的抵抗，美國的世界戰略可能一時受挫，但是綜觀全

世界，卻也沒有出現可以挑戰美國秩序的新興勢力。至少我們可以說，「Pax Americana」還會持續好一陣子。

美國國內雖然也有各種矛盾，一九八○年代起，也常有唱衰美國的論調，不過起碼到目前為止，美國國力不但沒有明顯地衰退，反而日益強盛，其國家的實力不容小看。

在經濟力、文化上和美國實力在伯仲之間的，則是歐盟。不過歐盟是複數主權國家的聯合。假設歐盟憲法得以實現，統合關係加深，歐盟會不會向美國挑戰？還是個未知數。即使以俄羅斯為首的斯拉夫國家加盟歐盟，從EU變成為EUS，也不見得會挑戰美國。

那麼，過去在經濟上被美國視為威脅的日本呢？與冷戰同時結束的，是日本的泡沫經濟，其後，日本經濟低迷了十年。最近好不容易，才有了恢復的跡象，就算今後十至廿年日本經濟再度好轉，但只要在這期間，日本無法改正憲法、擁有核武，那麼日本只有和美國同盟的路。還得汲

汲於追隨美國，根本不可能反過來挑戰美國。廿
一世紀日本仍會繼續當美國的跟班。

　　現在最熱門、最受矚目的金磚四國BRICs，則
連對美國造成威脅的實力都還沒有。

　　巴西是南美的大國，但光要應付隔壁的阿根
廷，就已經夠焦頭爛額。兩國雖然有如亞洲的中
國及印度，但是否能更加擴展勢力，還是很有問
題。

　　雖說也有人預測，中國和印度的經濟實力將
會超越美國，但再怎麼說，二國都是後進國。而
且中、印兩國國內矛盾很多，就算成為大國，但
是是否能帶給世界勝於美國的理想及魅力？則又
是另外一回事。

　　那麼俄羅斯呢？普丁以先進的軍事技術、及
豐富的能源資源，想要恢復過去俄羅斯帝國的光
榮，但是短期內不太可能有「第二次美蘇冷戰」
或「美蘇正面對決」。

　　外交評論家伊藤憲一在二○○七年四月二日
產經新聞的「正論」中，以四個方向解讀世界趨

勢，其看法非常具有深義。根據伊藤氏的看法，解讀世界局勢必須明白以下四點：

其一，廿世紀的完全主權國家，正轉型成可以稱之為「不戰體制」的新體制。廿一世紀改變世界秩序、國家與國家正面衝突的「戰爭」，難以發生。

其二，光靠經濟力，是無法改變世界秩序的。

其三，大眾政治意識覺醒，光靠軍事力壓制他國，已經不可能。越戰，蘇聯入侵阿富汗、伊拉克戰爭，便是明顯的例證。

其四，抑止國家層級的核武擴散威脅是可能的。但是核武若落入恐怖份子手中，則另當別論。

在這裡，我想要提出的是，挑戰「Pax Americana」的可能性。挑戰「Pax Americana」不單只是軍事力、經濟力及綜合國力的問題。如果不能在宗教、文化及價值超越美國的「自由、民主、人權」，那麼不論是什麼國家，都無法挑戰美

國。如果沒有在文化、社會上比美國更有魅力的
國家出現，「Pax Americana」在廿一世紀恐怕還
是會繼續。

「憲法改正」「擁有核武」是日本無法避免之路

該如何和「惡友」：中韓北韓相處

　　自開國維新之後，近代日本關心的是「外向」。這個主題，一百年來都沒有太多改變。

　　的確，每廿年的「歐化」或者「國風」，多互有周期性的消長。過度歐化志向的鹿鳴館時代之後，有「大和主義」，接著又有「大正民主主義」以及「大東亞共榮圈」。「外向」、「內向」不停重複，但是我認為大方向應該是「外向」。

　　戰後常常提到「內部矛盾」。其實，和世界其他各國比起來，日本的「內部矛盾」算是少的。日本內戰、內亂也少。當然，日本在應仁之亂後有戰國時代，但是在緊接著的江戶時代，日本二

百多年不曾發生內戰。幕末維新到西南戰爭時期，與其說是「內戰」，不如說是「內紛」。

相對於日本，鄰國的中國和南北韓，則是同胞相殺的歷史。中國到了廿世紀的現代，還有死傷千萬的文革，朝鮮半島也是自李朝黨爭以來內紛不斷，雖然過了高峰期的韓戰，但直到今天為止，也為了「內部矛盾」而焦頭爛額。因此，才常常利用「反日」、「仇日」的「傳統方法」，以轉移焦點，來克服內部矛盾。

國家和人一樣，會因為遇到的人不一樣，而改變命運。我們可以說，戰後日本有今天，是因為和美國聯手。不管左翼及知識份子多「反美」，實際上日本不可能在經濟上、及政治上和美國斷絕關係。

另一方面，改變中國及北韓命運的則是蘇聯。中國及北韓與蘇聯聯手，想要「解放人類、世界革命」，創造「人間天堂」。這個願望不但沒有成功，反而帶給人類極大的悲劇，「人間天堂」不過是一場白日夢，不，是一個世紀大謊言。

　　「近墨者黑，近朱者赤」，日本得注意如何和鄰國交往，並且慎選友邦。日本的對外戰爭，都與朝鮮半島的紛爭有關。例如白村江（六六三年）、豐臣秀吉的征明（一五九二年、一五九七年）、日清戰爭（一八九四年）。因此，福澤諭吉在「脫亞入歐論」中稱中國及韓國為「惡友」，呼籲要「謝絕惡友」。

　　但是，日本卻不知記取教訓，還是在意中國、南北韓，結果到現在還老是被這三國弄得團團轉。和惡友交流，就是會被耍到失去方向，沒什麼好事，有百害而無一利。如果有人持反對意見，倒是想聽聽和惡友來往有什麼好處？

　　今後，不論日本如何盡力改善與中國、南北韓的關係，應該都只是重複過去一百年發生過的事情而已。不論日本如何努力，到最後換來的充其量也跳不開「都是日本害的」這種惡評的循環而已。

　　這些國家之所以會這樣，也是有其國內民情。將其內部矛盾都怪給日本，是中、韓的常套

手段。日本還是不要被捲入這種常常內紛、內鬥多的國家比較好。

但是，日本還是很關心這些惡友，以致中、韓利用北韓核武問題向日本勒索。不論日本如何努力，結果什麼也沒改變，到頭來還是一場空。

國際政治學者平松茂雄不也這樣說過？「我對北韓問題沒有興趣，日本死活的關鍵是台灣問題。」外交評論家、前日本駐泰國大使岡崎久彥也說，「台灣問題是廿一世紀世界最大的問題。」但可惜的是，有這樣想法的日本學者專家並不多。

近百年來，日本早應該受夠了這些惡友。但是到現在，卻還不知道要和有共同價值觀的國家一起聯手。

更不可思議的是，戰敗後的日本，視「國益」為禁忌。日本到底視什麼為最優先呢？

江澤民時代教育出來的「仇日」世代

北韓的將軍大人，動不動就要「讓首爾化成

一片火海」，或「讓日本化爲一片火海」。如果北韓擁有核武，對日本來說當然是威脅。

如各位所知，二〇〇七年二月的六國會議中，北韓同意「停止寧邊附近核設施的運轉；接受國際核能機構的檢查；各方同意在起步階段向北韓提供緊急能源援助。」還規定，第一批緊急能源援助，相當於五萬噸重油，有關援助將要在六十天內就要啓動。

我們冷靜地想想，北韓只不過擁有幾枚核彈頭。以北韓的國力來看，要製造更多的核武，可能還需要一些時間。搞不好在能威脅日本之前，就先自我毀滅、瓦解垮台。不過，北韓的核武，倒是給了日本加強防衛的論據。

但是，北韓核武還是有其威脅，譬如其核武落入武裝恐怖份子的手中。

但是，還有比落入恐怖份子手中更恐怖的事，那就是「中國的存在」。

中國坊間的一些軍事雜誌曾放話，「只要廿發核彈，就可以讓日本從地球上消失。」不僅如

此，連中國軍事委員會副主席張震也得意洋洋地說，「中國擁有有可以消滅美國七次的核武」，並且威脅「只要對美國用一次核武，就可以讓美國冷靜下來」。還有「不惜與美國打一場核戰」的朱成虎將軍。

但是我認為，比這些恫嚇還恐怖的，是中國政府及被其洗腦的十三億人民過度自信以及失去時代感。

事實上，中國的年輕世代深深相信，「地球如果發生核戰，中國一定會贏」，甚至「中國洲際彈道飛彈的技術獨步全球」。這種過度自信一旦和傳統的中華思想結合、發酵，便能產生自我所向無敵的幻覺，具有超級的毀滅性。

當中值得特別注意的是，天安門事件之後，在江澤民「仇日」政策下長大的新一代年輕人，才是日本最大的威脅。

沒有去過日本，也不了解日本的中國年輕網路世代，對日本的攻擊非常露骨而下流，不僅奢言「佔領日本」、「消滅日本列島」，還要「飲倭

血吃倭肉」，言論凶暴異常，被稱為「網路憤青」。事實上，中國也面臨青少年凶暴化的問題。二〇〇〇年之後，青少年的凶暴犯罪，每年超過四百萬件，並且正在增加中。

不只這樣，根據最近的意識調查，廿五歲以下八二％的青少年，贊成射殺敵國俘虜、婦女及小孩。根據香港《開放雜誌》二〇〇四年十二月號的報導，當中還有類似「只要殺的不是中國人就沒有關係」、「敢和中國人對抗的民族，就得趕盡殺絕」、「日本人殺無赦」的言論出現。本來，只限於在網路上嚷嚷的「對日核武攻擊」，在二〇〇四年春天的反日暴動中，就真的出現了舉者「核武攻擊日本」標語的年輕人。

中國表面上和日本「和平友好」，但骨子裡卻是「仇日反日」。也有中國人認為，「消滅日本」是中國人的「歷史使命」。

歷史告訴我們，中國這個國家就是處於和平時期，比處於戰爭時期還恐怖。才一簽訂和平協定，就以解放農奴為藉口，用軍事佔領西藏（一

九五○年）。台灣也是在陳儀同意「二二八事件處理委員會」所提出的條件後，發生了三萬知識份子被中國軍屠殺的事件。

日本要以歷史為「鑑」。

對日本來說，來自蘇聯、近現代的威脅已經過去。北韓「要讓日本化成火海」之類的誑語，聽聽就算了。真正恐怖的，是中國仇日世代的暴走狂奔。

堅守原則的安倍前首相值得肯定

有關北韓的核問題，經過六方會談多次的協議，在二○○七年二月十三日發表共同聲明。

我從這裡聯想到的是，一個半世紀前的朝鮮半島情勢。宗主國中國和日、美、俄等列強，在朝鮮半島展開複雜而激烈的爭奪戰。歷經了所謂的「洋擾」、「衛正斥邪」、日清戰爭，也曾推出了許多朝鮮經綸、朝鮮政策，最後都束手無策，而變成「日韓合邦」。

回顧一百年前的歷史，「六方會談」的成員和一百年前沒有多大的改變。中、南北韓、日、美、俄。就這一點來看，朝鮮半島也沒有多大的改變。

六方會談雖然發表了共同聲明，但是並非所有的問題事項都達到了共識。日本保持一貫的態度，「只要日本人綁架問題沒有進展，不參與任何支援北韓的活動。」

對日本來說，日本和北韓間最大的懸案，就是「日本人綁架事件」。只要北韓不放綁架事件被害人回日本，日本就拒絕在任何方面援助北韓。本來這就是日本應採取的一貫立場。問題是，除了北韓，中國及南韓也反對將「日本人綁架事件」排入六方會談的會議中，但是日本堅持到了最後。

針對日本的堅持，其實，日本國內也有意見。左派媒體說，「不支援北韓，就是跟不上世界」，山崎拓（自民黨）、前原誠司（民主黨）等也提出，「如果只有日本不支援北韓，一旦核問

題達成共識時，日本勢必會被孤立」的看法。

　　但是，前首相安倍的外交政策，一貫堅持了日本的原則，應該予以肯定。也由於日本的堅持，使其得以明白記載於議事記錄。這樣一來，反對將綁架問題納入六方會談的中國與南韓，也不得不向北韓施壓，「如果想要日本的金援的話，就得在綁架問題上有進展。」

　　相對於日本的堅持，北韓一直聲稱「綁架問題」早已經解決。那麼綁架問題，今後將會如何進行呢？只要北韓不改變過去的主張，也沒提出新的提案，將來也還會是平行線。只要綁架問題不解決，日本和北韓將來也不可能建交或者國交正常化。

　　本來，對於日本、北韓兩國的建交，小泉前總理非常地積極，山崎拓、加藤紘一、前原誠司等政治家也非常樂觀。不過，只要北韓不改變態度，就不可能有像過去中美乒乓外交（一九七一年）戲劇性的發展。由於體制差太多，不能期待會有驚人的改變，當然，如果金正日體制突然崩

解，則可能另當別論。

對日本來說，目前最重要的問題，是搞清楚為什麼美國突然對北韓態度軟化？先姑且不論反正是惡友的中、俄、南北韓，美國對北韓的態度令人無法釋懷……。

日本應該保有核武

北韓發展核武，使得日本國內的核武裝論高漲，甚至連美國的意向也無法忽視。

日本社會黨（現，社民黨）是十分親北韓、共產主義的政黨。過去當社會黨（現，社民黨）勢力健在時，日本國內不要說「核」，連提到「軍事」都會被點名批判，這絕非笑話！當時社會黨還將中、蘇、美國的核分成「美麗的核」和「骯髒的核」。一九九九年，西村真悟議員（新進黨）只不過說了「國會有必要討論核問題」而已，就被迫辭去防衛政務次官的職位。

但是物換星移。

　　二〇〇六年，中川昭一政調會長（自民黨）指出，「有必要好好討論核問題」，媒體見縫便插的攻擊雖然依舊不變，忍不住沈默的麻生太郎前外相（自民黨）當時說，「不准別人討論，是對言論的一種封鎖」，如此才好不容易平靜了這段騷動，兩人也未因此而被迫辭職。

　　事實上，最近也有其他的核子議論。笹川堯自民黨黨紀委員長也提出，「目前的情形是，明明北韓擁有核武，日本卻先擺明『我們不會擁有核武』。這樣能保衛日本的安全嗎？」，片山虎之助參院幹事長也有「『不擁有核武』是一種自我矛盾」的發言。時代真的變了。

　　的確，聯合國的核廢決議，有一百六十國簽署，乍看之下廢棄核武好像是世界的主流。日本雖然堅守「非核三原則」（不製造、不生產、不輸入），不知不覺中，核武早在全世界擴散，不僅印度、巴基斯坦已經擁有，連北韓都有了核武。

　　世界情勢早已有了很大的改變，日本在野黨只知固執於「非核三原則」，還另外加上了「不准

討論」的「第四非核新原則」。搞不好，將來還會加上「打不還手」的五原則、六原則⋯⋯。

並不是說，所有反對核武的，都如土井多賀子（前社民黨黨主席）一樣，「因為不行，所以不行」。既有「萬一擁有核武而遭到經濟制裁，對外依存度太高的日本將撐不過去」，還有「核能燃料問題」、「國土狹小」等慎重論。

有關日本核武裝的重點，仍在於是否能獲得美國的同意。

一九六四年，中國成功進行核子試爆後，台灣和以色列、南非三國，開始了共同開發研究。計劃是由台灣和以色列提供技術，南非提供實驗場所，結果卻因為美國CIA的干預，台灣負責人張憲義亡命美國而計劃受挫。若說世界各國是否能擁有核武，全在美國的一念之間，這一點也不過份，日本的情況也一樣。

再加上日本政府，自己也幾乎承認美國差不多就是日本的「準保護國」。因此，其關鍵在於美國是否做出「英國及法國也有核，所以同樣是同

盟國的日本應該可以擁核」的決定。當然，還有日本的意願，日本也應該向美國展現，日本如果擁有核武，對美國來說，是百利而無一害。

前史丹佛大學胡佛研究所（Hoover Institution）高級研究員的片岡鐵哉，曾在日本Voice雜誌二〇〇七年二月號中提到，過去尼克森總統曾經勸佐藤榮作首相核武裝，以及布希總統也認同日本的核武裝，並介紹美國國內的日本核武容忍論。身為台灣人，就亞洲的安全保障來看，我認為日本有必要保有核武。像我這樣的看法，在台灣並非少數。不如說，這是世界的常識。

如果日本也擁有核武，便可以維持東亞地區的安定及平衡。在中國持續軍事擴張，週邊各國備感威脅的現在，「強國中國」若缺少「強國日本」的制衡，亞洲安定便會失去平衡。東亞各國，想必也不會反對日本的核武裝。

現代亞洲的核武裝國家是印度、巴基斯坦、中國及北韓。「獨裁國家」的核武裝，與「民主國家」的核武裝意義不一樣。就這點來看，日本

是個適合擁有核武的理想國家。

　　一旦「Pax Americana」的勢力減弱，美國若非和中國妥協，便只能強化日美同盟以對抗中國。換句話說，在「放棄日本」或「再利用日本」中作選擇。我認為，將來可能有像過去尼克森總統一樣，要求日本進行核武裝的情形發生。

　　擁核國家也明白，要防止核擴散，是不可能的事情。以小朋友在學校遭同學欺負的問題來比喻，會發生欺負最大的原因，就是被欺負的學童不抵抗的態度，國家也有類似的一面。日本若要避免被欺負，不讓東京變成火海，核武裝恐怕是日本唯一的路。

日本新憲的制定迫在眉捷

　　這十幾年來，我一直關心「核武」及「憲法問題」，並且持續發表自己的看法。特別是有關台灣制定新憲的問題，更是這幾年我最關心的事，也傾注了最大的精力。

　　日本的憲改和台灣的新憲制定，到底哪個會先達成呢？日本的憲法改正是日本國內的問題，並非外人所能干涉。中國政府頂多能說說「最好不要改正」之類的話，應該不會出現像「靖國」或者「歷史教科書」一樣的內政干涉。

　　但是，台灣卻不一樣。二○○四年，在台灣總統大選時，候選人陳水扁以制定新憲做為政見，中國便認定「如果制定新憲就是宣佈獨立，屆時將不惜動用武力」。

　　有關台灣與中國的關係，由於美國也希望維持現狀，因此台灣制新憲並未能獲得美國的支持。不只這樣，連和台灣沒有外交關係的日本外務省，還是抱持「台灣還是不要改變憲法，這種事不能問人民的意思。」的態度，莫名其妙地干涉台灣內政。

　　相對於台灣的狀況，日本國內目前反對憲法改正的，只有日本國內的反對勢力，也就是所謂的「護憲派」而已。這些團體指的是社民黨、共產黨及朝日新聞社，和那些自認先進的左派知識

份子。

「護憲派」要保護憲法的什麼呢？日本現在正使用的「日本國憲法」，是二次大戰後，美國「硬送」給日本的憲法。「日本國憲法」第九條規定，「永久放棄發動戰爭的國權」；「不保持陸海空軍的戰力」，也就是「放棄戰爭、軍備及交戰權」。但是這些「護憲派」卻擴大解釋為，不僅要「放棄戰爭」，連保護自己的「自衛」權也放棄。

「放棄自衛權」，等於是放棄自己的生存權。連自己國家都不保衛，有危險時得求助他國，這不配稱為獨立國家，只能說是奴隸國家。世界雖大，除了日本，哪裡還有這樣的國家？如果連保衛國家的權利都不承認，便是否定日本國家的主權。

護憲派持的理論是，「日本之所以在戰後能維持六十年的和平，沒有受到外國的攻擊，完全是拜憲法第九條之賜。」換句話說，憲法第九條向世界發揮了「不能攻擊已經放棄戰爭的日本」的功能。

　　這種主張非常可笑，只要動腦想一想，連小孩也懂。不論日本是否宣言「放棄戰爭」，都不會影響中國、北韓是否攻擊日本的態度。

　　所謂的戰爭，不可能因爲一方不好戰，所以戰爭就不會發生。也不因爲一國特別愛好和平，或者沒有侵略別人的野心，就不會發生。領土野心、經濟摩擦，甚至種族紛爭、資源爭奪、宗教對立等非常複雜的問題，往往牽扯其中，再加上誤會、偶發事件等而爆發戰爭。

　　日本的「護憲派」，卻把憲法第九條當作護身符一樣，不停地像唸經一樣地說，「憲法第九條保庇日本不會發生戰爭」，把「憲改論」當作禁忌。發言要憲改的政治家，往往遭到媒體及護憲派的攻擊，最後不得不撤回發言、甚或被迫辭職。

　　根據駒澤大學西修教授的研究，日本的憲法是世界排名第十四古老的憲法。早日本之前制定的憲法，至少都有修憲過。自制定以來，六十年從來沒有修憲過的，只有日本國憲法而已，眞可

以說是「骨董」。

　　幸好時代變了，目前日本已經有一半的國民贊成改正。憲法改正的時代潮流，已經停不下來。現在只是時間早晚的問題。

　　中曾根康弘前首相、安倍前首相早在幾年前，便預測「再過五年就可以改正」。於是安倍內閣成立後，便將憲法改正，以正式的課題排入時間表。目前教育法本法的改正法案已經通過，日本憲改的開花結果，十分令人期待。

　　回想過去幾十年，日本憲改的議題，已經被討論的差不多了。連現在高聲大喊護憲的左翼政黨，在憲法制定當時，也批評這部憲法是「資本主義憲法」，而強硬反對要求憲改。強迫日本接受這部憲法的美國，當時也認為憲法有改正的必要性。

　　一九五三年十一月訪日的尼克森副總統，在正式場合公開承認，「明定不武裝的憲法是錯的」。憲法制定當時的概念，最主要的目的是過渡性的臨時憲法設計，因為只要日本和各國簽訂和平條約，恢復了主權，就可以制定新憲法。

這樣的背景，使得憲法自制定以來，便有憲法改正、及廢止GHQ憲法制定新憲的議論。制定不久後中國發生了國共內戰，接著又有韓戰，環境的變化，也顯出憲法的時代錯誤。

有關憲法改正的最大攻防點，便是憲法第九條。世界局勢明明已經有很大的改變，而日本卻還固執死守，除了滑稽以外，別無二言。

因此，不論從任何觀點來看，日本憲法改正的時機都已經到了。日本應該以自己的意志、獨自的語言，制定符合日本的日本國憲法。

戰後失去國家目的、漂流中的日本，需要制定自己國家的憲法。憲法若能改正，也許又能發現失去多時的國家目標。二〇〇八年以後，不論日本新內閣會如何施政，有關憲法改正的攻防戰，將會成為日本內政的焦點。

期待理解台灣的日本政治家出現

台日之間的觀光客往來，每年間超過二百萬

人。這是幾十年民間交流頻繁的證明。自七○年代初期之後，台日之間雖然沒有外交關係，但從台灣到日本，再從日本到台灣，人的移動建立了親蜜而緊密的關係。

對於被包夾在中國、南北韓等反日國家之間的日本來說，台灣是唯一位於日本南方的親日國家。台灣不但親日，也有許多知日派。

這是極為自然的感情。不論中韓政府多麼努力，想要和日本建立友好的外交關係，但是卻仍然無法順利「解凍」。我認為，如果追溯日台長久以來的文化交流史，可以發現日台的友好關係，並非刻意「製造」出來的，而是自然而然發生的感情。

台日之間，除了有共同的海洋文化，也一起走過近代史，在地政學上和大陸對峙等，也有共通點。跟中國比起來，現在的台灣不論在政治體制、經濟制度、社會制度、文化生活，是和日本比較相近的。並且，也共有近代社會應有的精神構造、及社會價值。撇開這些不說，若就確保生

存權的安全保障面來看，二國可以說是一蓮托生的關係。

　　這裡，我想提醒大家的注意。過去，韓戰爆發，美國決定派遣第七艦隊協防台灣海峽，當時杜魯門總統就曾經這樣說，「就地政學上來看，台灣匹敵廿艘航空母艦。」對於被反日國家包圍的日本來說，台灣不但是最強的不沈航空母艦，也是唯一的戰友。

　　前文已經提到，台灣在二〇〇八年一月舉行立法院選舉，接著有總統大選。特別是總統大選中，國民黨推出的有力候選人馬英九，雖然已經為了擔任台北市長期間的特別費貪污問題，被提起公訴，仍決定出馬。和中國統一，是馬英九的政治信念。雖然其當選的可能性正走下坡，但是仍然不可大意。

　　事實上，日本外務省對中國、南北韓一直都採取平身低頭的態度，但對沒有外交關係的台灣，卻老採取高姿態。二〇〇四年台灣總統大選前，還遵照中國的指令，要求台灣暫停公民投票

及制定新憲法。

　　日本政府的公文書中規定，提到台灣總統及台灣的政府時，一定會將「總統」、「政府」加上括號，表明「所謂的總統」、「所謂的政府」的意思。

　　的確，日本政府在一九七二年的日中國交正常化共同聲明中，表明「尊重、理解台灣是中國的一部份」的中國主張。但是「尊重、理解」，並不等於「承認」。換句話說，日本不承認台灣的中華民國是中國的正統政府，卻沒有承認台灣是中國的領土。但是，日本外務省為了要討中國歡心而干涉台灣內政，是對台灣的最大侮辱。

　　試想，如果台灣進入共產中國圈，那麼，日本的周圍便全是反日國家。不要說是確保海上航線。搞不好還有可能淪為「倭族自治區」。

　　台灣人口和北韓差不多，是日本人口的五分之一。但對日本來說，卻有唇齒相依的關係。絕對不是光會惹麻煩問題製造者。

　　台灣不同於中國或者南北韓，是個自立的國

家，也從來不需要日本的金援。但是戰後的日本領導人，卻因為看中國的臉色，對中國大氣也不敢吭一聲。台灣人善良而單純，只要說的是對的，就會給他掌聲。那麼將來肯定可以對台灣發揮影響力的，只要日本首相，或者代表政府的有力政治家能表達：「我支持台灣人民」，這樣就可以了。恐怕，連日本人自己，也在等待這種有勇氣的政治家出現吧？

確保日本的海上航線

日本的資源，大部份依靠海外。世界一五％船舶的目的地是日本。日本的國民生產毛額也約佔全球的一五％。由此可知，海上航線對日本來說非常重要，海洋可以說是日本的生命線，但是日本人對這件事，並不怎麼關心。

世界的經濟結構，今後還會漸漸改變。目前正從新興工業經濟體（NIES）的時代，加速度轉型到金磚四國BRICs的時代。BRICs的優勢能持續

多久？其未來恐怕可以預見。

相反地，日本也已經開始從泡沫經濟復活，也有人推測日本光榮的經濟時代，即將捲土重來。但是其條件，得先確保海上航線。只要沒有可供利用的新資源出現，讓日本成為能源大國，海上航線就是日本的生命線。

對中國來說，海上航線更是重要。中國光人口就達到十三至十五億之譜，數千年來將地上資源消耗殆盡，現在連地下資源也已經將近枯竭。因此，中國比日本更需要海上航線。

的確，古代中國也許是個資源豐富的國家。但是之後，地面資源枯竭，造成山河崩壞，周期性的飢荒造成數百上千萬人口死亡。今天所謂的「三農問題」（農業、農村、農民問題），實際上是生態學的問題。地面資源枯竭的結果，就是產生了數億的世界最窮農民。七、八億的農民，收入一天不到一美金。都市與農村的過大貧富差距，成為中國目前最大的社會問題。

不僅地面資源枯竭，中國連地底資源也很匱

乏。對於在全世界瘋狂搜刮能源及物資的中國來說，海上航線是生死相關的重要問題。中國對海上航線的依存度，遠遠超過日本。

　　日本乖乖地給美國照顧就好，只要不和美國吵架，美國說什麼就聽什麼，保持低姿態，那麼美國自會確保七大洋的海上航線。但是，中國卻不是這樣。目前中國雖然對美國唯唯諾諾，但是就「中國是世界中心」的中華思想來看，中國絕對不可能向「Pax Americana」屈服，中美衝突之日已經不遠。

　　江澤民以來，「復興中華」的美夢日益發酵，為了將來「用在一時」的需要，得先確保海上航線。「中國若不出海就沒有廿一世紀」的主張絕不誇張。目前最重要的課題，是近海的資源確保。因此每年花一千億美金國防費用、並且連續十九年國防費用以二位數字增加，現在更是朝太空戰爭領域邁進。

　　一九九○年，中國制定海洋法，將尖閣諸島附近的周邊海域都列入自己的海域。國防政策也

轉換為「戰略國境防衛」。從舊有的「三北」（東北、華北、西北）到「四海」（渤海、黃海、東海、南海）。中國意圖將「四海」，統統變成自己的內海，和南海鄰國展開島嶼及其地下資源的爭奪戰。但是，後來又發現開採海底油田需要大筆資金，只靠自己開採太不划算，於是便又轉向改採合資開發路線。

二○○○年起，中國轉戰東海，改和日本爭奪海洋資源。這也是中國的調查船經常出沒日本海域的原因之一。

為了維持經濟成長，中國必須以世界規模來搜購資源。中國若無法維持經濟成長，便會立刻面臨亡國亡黨的危機。因此對中國來說，「國家的生存權」當然是比「國民的人權」還重要。

儘管中國厲行一胎化政策，但是人口仍以每年一千五百萬～二千萬的速度在增加，於是中國又推出了「走出去」的政策。

每年從中國流放而出三百萬的「國際盲流」，肆虐全球各地。往後的三到四年，中國仍會繼續

「國際盲流」的大放送。像是預言：「廿一世紀日本列島將會被中國人所淹_」一樣，四處竄流的中國盲流侵略世界各國的日子不遠了。

做為外交牌的「南京」與「慰安婦」

二〇〇七年四月訪日的中國溫家寶總理，在日本國會受到如雷掌聲的歡迎，並舉行了約一個小時的演講。溫家寶在演講中，「肯定日本對過去侵略的幾次謝罪、反省。」這是中國首相第三次訪問日本，又被稱為「溶冰之旅」。雖然表面上好像中國首相特地來日本，表現了努力化解兩國關係的誠意，但是實際上卻不是這樣。

中韓現在仍將「南京事件」及「慰安婦」，當做歷史的外交牌，以集結國際的反日勢力及反日的日本人勢力來敲詐日本。目前中國的世界反日仇日戰略，有以下的計劃。包括將「南京大屠殺」拍成電影，並且大量散佈這些電影，同時指定「南京大屠殺」歷史博物館為文化遺產

　　有關「從軍慰安婦」的問題，在美國下議院已經被否決多次。以反日的美籍日裔議員麥克‧本田為中心的團體，於二○○七年中再度提出，在只有十名議員出席的情形下，於七月三十日通過。通過後的記者會中，麥克‧本田議員首先感謝在美國的中國團體－「世界抗日戰爭史實維護聯合會」的支援。

　　敲詐日本的工具不僅只於「南京」、「慰安婦」。中國丟棄的舊日本軍毒瓦斯化學武器，也得由日本政府來負擔。其總額高達三千億到二兆日圓。下了這個決定的，是親中愛中聽中的村山富市前首相及河野洋平前外務大臣。

　　本來，滿洲的關東軍在戰敗投降解除武裝後，武器便被中國共產黨軍強佔。因此，有關武器的管理責任，不應該歸在日本身上。而且當中還有蘇聯製的化學武器。但是不論是哪一國家的化學武器，都得由日本政府負責處理。近來三不五時便會出現「被害人」向日本政府要求賠償。

　　有關二次大戰的賠償責任問題，已經在舊金

山和約中明文規定。所謂的和約，就是不再就過去的事情當問題來吵。而且日中之間也簽訂了「和平友好條約」。但是中國動不動就要「以歷史爲鑑」，動不動就要賠償、反省、謝罪。對中國來說，日本的道歉及謝罪都不是重點，中國的目的是要否定日本人，壓低日本的國際地位及名譽，甚至貶低日本，讓日本人一輩子在中國面前抬不起頭來。

中國是仿冒黑心商品、妓女輸出大國

二○○三年，來自中國的SARS震驚了世界，現在想起來仍然心有餘悸。二○○七年，來自中國漂浮在空氣中的有毒黃砂，世界股票市場狂跌，以及在世界各地竄流的國際盲流所引起的凶殺案件，層出不窮。

根據世界衛生組織（WHO）的統計，中國妓女的人口約六百萬，實際上有可能高達一千萬人。其「生產總額」佔中國國民生產毛額的一○

％。台灣現在也苦於「大陸妹」的氾濫。目前「四海都有大陸妹」，最令人擔心的是，隨著中國賣春婦一起擴散的愛滋病。

根據中國衛生部的報告，「九○年代中期性病每年以四○％增加，到二○○六年底，已經突破五千萬人」（月刊動向，二○○七年二月號）。

還有令先進國十分頭痛的，就是中國製仿冒黑心商品的氾濫。中國所生產的仿冒商品，佔世界仿冒商品的八○％以上，佔中國國民生產毛額的八％。

歐美主要先進國的被害額，約九十五兆日圓，在日本就達到約九兆日圓。美國政府在中國溫家寶總理訪日的四月十日，向世界貿易組織（WTO）提起中國侵害智慧財產權的告訴。美國的被害者，以好萊塢電影、音樂、CD、DVD、書籍的非法翻印為主，歐洲的被害者，則以高級名牌的皮包、手錶為主，而日本則是卡通、遊戲軟體、主機最多。

譬如，日本原創的知名漫畫「蠟筆小新」，由

於中國廠商先在中國申請商標、權利，結果使得日本原作在日本反而變成「仿冒品」。這樣的例子，多到不勝枚舉。早在九○年代，中國便將台灣有名的牌子先登記，等到台灣企業來中國投資時，再將品牌的專利高價賣回給台灣，這些中國廠商因而大撈一筆。

這種一獲千金的生意實在太誘人，所以不論先進國如何向世界貿易組織抗議、提訴，幾乎都沒什麼效果。本來，中國就是匪賊國家、易姓革命之國，不論國家或是政權都是用搶的。「馬背上取天下」、「槍桿子出政權」是中國的暴力奪取傳統，這樣的國家，根本不知道何謂「智慧財產權」。

到中國投資，還得先針對公司會不會被人「整碗捧去」做準備。由於中國是人治國家，就算告上法院也沒什麼用。不論如何，與其在中國跟人訴訟，不如趕快先逃命還比較重要。

日、美、歐的被害當然不只「智慧財產權」。更令人擔憂的，是中國舉國從事的軍事、產業間

諜。美國中央情報局CIA更指出，大部份的中國學者、及八○％的留學生都多少從事諜報工作。「中國人＝間諜」這樣的想法，大概就八九不離十，這也是日、美、歐等高科技軍事技術，這十年來的經驗及事實。

美國加州近來，正就提供中國美國海軍情報的中國公司提出告訴，日本也發生了金剛級神盾艦的秘密情報被竊取的事件，並且發現海上自衛隊護衛艦隊員二等海曹的中國人太太涉案其中。

中國學者在海外除了研究以外，還負有替黨、政府作宣傳、收集情報及技術的間諜任務。有關高科技，中國不自己開發，而直接從外國偷取。這可以從中國政府技術投資金額之少，看得出來。先進國家投資在技術的資金，大約佔國民生產毛額的二％，發展中國家也有一到二％，中國一直低於一％，最近才好不容易達到一‧二％。

六○年代到九○年代，經由高達三千家的幽靈公司，中國留學生與學者，竊取美國的各種技術、軍事情報。包括核彈、中子彈、彈道飛彈等

有關情報外，還有很多的軍事技術，其中最好偷的，便是產業技術。尤其是對產業間諜沒有半點戒心的日本企業，簡直易如反掌。

例如，今年偷了豐田汽車子公司情報的中國人被舉發案件，便是其典型。由於日本不像美國一樣，有類似中央情報局、聯邦調查局的反情報機關，法律條文也未整備，只靠警察的努力，到底不夠。

日本現在最擔心的，是中國以合作、共同開發的名義來竊取技術。把日本人當做凱子。日本由於資源少，能在世界立足，完全靠日本人的智慧財產。但是日本智慧財產，目前正面臨來自中國的嚴重威脅。

誰才是日本真正的朋友？

我在日本住了四十幾年，我常常覺得這個國家，各方面有十分均衡地發展。

譬如，中韓每天把「友好」掛在嘴上，實際

上這一百年來卻是重複不斷的「反日」。日本不需要把「友好」掛在嘴上，也能和二次大戰的敵國，也就是歐、美各國維持良好關係。和台灣即使沒有外交關係，但在民間卻也有緊密而良好的交流關係。

日本國家均衡的發展，並非到了近代才這樣。從江戶時代開始，除了朱子學外，還有傳統的佛教、國學及陽明學。但是中國及朝鮮除了朱子學以外，其他都是禁學。

中韓兩國在本質上，都是集體主義國家，而日本自古以來卻是多元社會。因此，在西風東漸後，日本才能順利地接受西洋文化。我常常這樣想，因為有這樣傳統基礎，日本才能開國維新成功。

維新後，脫亞入歐的主張也是為了想要在文明與文明間取得平衡。之後，日本驚人的成長，不但受到英國的肯定，並且締結了英日同盟。其後大日本帝國戰勝了俄羅斯帝國，並列世界五強。

　　戰後，日美同盟的日本，是個怎樣的國家？日本變成了美國的「跟班從屬」。那麼，日本有善盡同盟之責嗎？不如說，日本只是搭上了美國整頓好國際環境便車而已。

　　美國為了要維持世界秩序，需要相當的費用。目前美國的軍事費用，佔了世界軍事費用的一半。日本既然礙於憲法第九條，不能出「人」，當然得出「錢」。

　　如果日本想成為「真正的」獨立國家，就有必要改正憲法，成為「強國日本」，光是「普通的國家」是不夠的。

　　日美同盟，雖然不是最佳的選擇，但卻是目前日本唯一的生存之道。只要是日美同盟，日本也不得不堅強起來。對美國來說，「弱國日本」有何價值？誰會想和弱國同盟？

　　不論二○○八年的世界局勢怎樣改變，日本最優先的選擇，就是和有共同價值觀的美、歐各國合作。只要日美聯手，亞洲最少還可以維持三十年的和平。如果日、美、歐合作的話，那麼就

還可以維持好一陣子的世界和平。

　　日本更應該強化日、美、歐成為一個命運共同體。就亞洲共同體的構想來看，日、印、澳擁有共同的價值。另一方面，日本也應該對亞洲的惡友們保持距離。雖然不至於謝絕交往，但是千萬不可太過深入。

台灣國民文化運動
Let Taiwan be TAIWAN

　　台灣人應該覺悟，台灣建國之路，絕不能完全寄望在政黨與政治力量。台灣主體性的根源問題，以及台灣國民靈魂的集體形塑和進化，是國家永遠不可動搖的基石，應該從文化奠基，經由社會覺醒才能真正實現。

　　讓台灣成為主權獨立的新國家，讓台灣人受到世界各國的尊敬是台灣運動者的最高目標。在當下媒體與教育的生產和市場價值體系仍受中國文化種族主義信仰的管控下，必須重新啟動台灣知識文化的第二波心靈改造進化工作，重新建構台灣人主體性文化符號價值的生產與市場價值體系，以型塑一代接一代台灣人的靈魂品質。基於此，我們發起「台灣新文化知識運動」，希望海內外台灣人共同為台灣文化根源的生命力播下種籽，直到開花結果。

我們建議各位台灣志士共同以下列方式，一起努力。

一、 寫作並發表台灣人意識，或啓蒙人類共同普遍價值的心得或研究。

二、 發行推動本運動的刊物與網站。

三、 捐助推動本運動的資金。

四、 每年至少以台幣一萬元購買台灣文史書籍，強化台灣意識。

五、 過年過節希望以送書取代禮物。

六、 普遍設置家庭圖書館。

七、 成立社區讀書會的結盟組織。

〔台灣國民文化運動〕

黃文雄（Ko Bunyu）敬致海內外有志書

各位兄姊前輩：

歷經戰後的60年，建構今日台灣社會的，無疑仍是國民黨的黨國體制和中國的傳統文化，因此，即使政權已經輪替，朝夕之間政治、社會的改革仍然未竟其功，吾人對現政權不能抱持多大期待之處，仍所在多有。

的確，今日台灣社會，是依各種各樣社會、時代背景的要因建造起來的，其中最具強大影響力的，就是完全由中國人執其牛耳的教育及大眾傳播媒體，那是今日台灣實質上的第一權力。現政權也因汲汲於迎合這些歪曲的言論而左支右絀。

不用說，環繞著目下台灣的內外情勢，台灣自身也是問題重重，從台灣人自身的認同問題起至做為國家的國際認知問題，台灣要面對21世紀的課題確實

很多，因此，吾人迄今為止，對以上的諸問題，非加緊努力不可。

　　就此，數年來，吾等在海外有志之台灣人，一再檢討、討論的結果，獲得了台灣問題相較於政治面而言，文化面實在更為切要的結論。擁有共同的普遍的價值觀固然重要，比此更重要的台灣人的主體性、更進一步的台灣人意識的養成才是先決的要務。

　　培育受世界尊敬的台灣人當然必要，但是絕非容易之事，這一點，我們也知之甚詳。

　　本來，這是政府應該做的事情，但是，我們實已不再冀待，於是，我們認為做為一種運動，非致力於所有力量的集結，並考量其意義不可。

　　人的培育，也應從青年開始，更進一步推及

到從幼少年開始。

　　沒有大眾媒體的我們，打算從小眾媒體出發。

　　所以，我們決意從台灣國民文化運動開始，以台灣人意識育成運動做為母體，集結所有的力量來踏出我們的第一步。經過數年的嘗試錯誤，從「抱持台灣魂魄」的「新國民文庫」的刊行開始，慢慢地充實這個運動的內容，一邊展開眾意的尋求和凝聚，這就是我們預定要做的事情。

　　以下三件，是有賴於諸兄姊前輩具體協力的事項：

　　一、　寫作並發表培育台灣人意識，或啟蒙人類共同普遍價值的心得或研究。

　　二、　協助推動發行本運動的刊物。

　　三、　捐助推動本運動的資金。

　　有關第三點，以日本及美國的有志之士為始，我們已經獲得50多人的支持，目前贊同人數正不斷遞增中。我們誠盼希望能在2007年底達到100人以上的陣容規模。

　　以上，還乞諸位兄姊前輩不吝惠賜有關推展本運動的具體的卓識高見。

　　衷心祈願您的協力與參與。

　　　　　　　　　　　　　　黃文雄一同　拜上

台灣國民文庫 書目

編號	書名	作者	定價
NC01	革命運動研究~ 掌握台灣建國最後一哩路	劉重義	NT 290
NC02	台灣進行曲	李敏勇	NT 250
NC03	Ka-Ka：華禍	黃文雄	NT 290
NC04	瀕臨危急存亡的台灣	宗像隆幸	NT 180
NC05	台灣國家之道	張燦鍙	NT 180
NC06	台灣的抉擇	曹長青	NT 250
NC07	台灣近未來	黃文雄	NT 250
NC08	透視台灣 展望未來	陳茂雄	NT 250
NC09	剖析台灣現象	陳茂雄	NT 220
NC10	俯瞰台灣事與人	陳茂雄	NT 230
NC11	台灣社會解剖學	陳茂雄	NT 250
NC12	分裂的台灣	陳茂雄	NT 240
NC13	一個中國 兩個台灣	陳茂雄	NT 250
NC14	民主與司法尊嚴	陳茂雄	NT 250
NC15	自由啓示錄	李敏勇	NT 240
NC16	孕育台灣人文意識~ 50好書	李學圖	NT 350
NC17	台灣人啊，你往何處去？	宋泉盛	NT 280
NC18	西進亡國論	黃天麟	NT 400
NC19	台灣前衛	林玉体	NT 220
NC20	喬治柯爾		NT 200
NC21	台灣可以說不~ 中國到死都打不下台灣的幾個理由	陳宗逸	NT 250
NC22	一個封建的現代	郭峰淵	NT 280

台灣國民文化運動
【新國民文庫】出版基金

主催：黃文雄（Ko Bunyu）

計畫：本著台灣精神、台灣氣質意旨，五年內將出版100本台灣主體意識、國民基本智識、及文化教養啓蒙書。

參與贊助基金：每單位日幣10萬元，或美金1千、或台幣3萬以上。

贊助人權益：基金贊助人名單將於每本新國民文庫叢書上登載。並由台灣國民文化運動總部製頒感謝狀一幀。贊助人可獲台灣國民文庫陸續出版新書各1部，享再購本文庫及前衛出版各書特別優惠。

日本本舖：黃文雄事務所

〒160－008日本東京都新宿區三榮町9番地

Tel：(03) 33564717 Fax：(03) 33554186

e-mail：humiozimu@hotmail.com

台灣本舖：前衛出版社

11261台北市關渡立功街79巷9號

Tel：(02)28978119 Fax：(02)28930462

e-mail：a4791@ms15.hinet.net

NC001

革命運動研究

～掌握台灣建國最後一哩路

作者：劉重義・李逢春合著

定價：290元

NC002

台灣進行曲

作者：李敏勇

定價：250元

NC003

Ka-Ka: 華禍

作者：黃文雄

定價：290元

NC004

瀕臨危急存亡的台灣

作者：宗像隆幸

定價：180元

NC005

台灣國家之道

作者：張燦鍙
定價：180元

NC006

台灣的抉擇

作者：曹長青
定價：250元

NC007

台灣近未來

5年、10年後的台灣，是生還是死？
作者：黃文雄
定價：250元

NC008

透視台灣展望未來

——陳茂雄論壇（一）
作者：陳茂雄
定價：250元

NC009

剖析台灣現象

——陳茂雄論壇（二）

作者：陳茂雄

定價：220元

NC010

俯瞰台灣事與人

——陳茂雄論壇（三）

作者：陳茂雄

定價：230元

NC011

台灣社會解剖學

——陳茂雄論壇（四）

作者：陳茂雄

定價：250元

NC012

分裂的台灣

——陳茂雄論壇（五）

作者：陳茂雄

定價：240元

NC013

一個中國　兩個台灣

——陳茂雄論壇（六）

作者：陳茂雄

定價：250元

NC015

自由啓示錄

作者：李敏勇

定價：240元

NC016

孕育台灣人文意識

——50好書

作者：李學圖

定價：350元

NC018

西進亡國論

作者：黃天麟

定價：400元

NC19

台灣前衛

作者：林玉体

定價： 220元

NC20

面對危機的台灣

作者：喬治柯爾

定價： 200元

NC21

台灣可以說不~

中國到死都打不下台灣的幾個理由

作者：陳宗逸

定價： 250元

NC22

一個封建的現代

作者：郭峰淵

定價：280元

國家圖書館出版品預行編目資料

2008台灣國難 / 黃文雄著.
初版. 台北市；前衛，2008.02
　　256面；17*11.5公分.
ISBN 978-957-801-574-6 (平裝)
1.台灣政治 2.國際政治 3.文集

573.07　　　　　　　　　　97001231

2008台灣國難？

著　　者　黃文雄
譯　　者　陳悅文
責任編輯　陳宗逸
美術編輯　賴志芳
封面設計　賴志芳
出 版 者　台灣本舖：前衛出版社
　　　　　11261台北市關渡立功街79巷9號
　　　　　Tel：(02)28978119 Fax：(02)28930462
　　　　　a4791@ms15.hinet.net
　　　　　日本本舖：黃文雄事務所
　　　　　humiozimu@hotmail.com
　　　　　〒160－008日本東京都新宿區三榮町9番地
　　　　　Tel：(03)33564717 Fax：(03)33554186
出版總監　林文欽 黃文雄
法律顧問　南國春秋法律事務所 林峰正律師
出版日期　2008年2月初版一刷
總 經 銷　紅螞蟻圖書有限公司
　　　　　台北市內湖舊宗路二段121巷28、32號4樓
　　　　　Tel：02-2795-3656　　02-2795-4100

©Avanguard Publishing House 2008
Printed in Taiwan ISBN 978-957-801-574-6
定　　價　200元